JAN BEINSSEN · HANNES HENN

GESALZEN
UND
GEPFEFFERT

Paul Flemmings pikanteste Fälle
Krimikochbuch

ars vivendi

Originalausgabe

2. Auflage April 2010
© 2010 by ars vivendi verlag
GmbH & Co. KG, Cadolzburg
Alle Rechte vorbehalten
www.arsvivendi.com

Lektorat: Lena Thiem, Dr. Hanna Stegbauer
Umschlaggestaltung: Anna Ponton unter Verwendung
einer Fotografie von istockphoto
Druck: Fuldaer Verlagsanstalt, Fulda
Printed in Germany

ISBN 978-3-89716-991-3

Kochen ist eine Kunst,
und keineswegs die unbedeutendste.
Luciano Pavarotti

Inhalt

Mord à la Carte

»Wie passt das zusammen?«, fragte Paul Flemming seinen alten Freund und Nachbarn Jan-Patrick. »Du verwöhnst mich mit der leckersten Karpfenvariation, die ich seit langem gegessen habe, und machst dabei ein Gesicht wie drei Tage Regenwetter.«

Während Paul noch das einzigartig säuerlich-würzige Aroma seines Fisches – Karpfen blau nach Jan-Patricks Spezialrezept – genoss, sah er seinen Freund mitleidig an. Der Küchenchef des Nürnberger Altstadtlokals *Goldener Ritter* wirkte unter seiner weißen Kochmütze eingefallen und unglücklich. Nicht einmal die Andeutung eines Lächelns war unter seiner ausgeprägten Nase zu erkennen. »Was ist denn bloß los?«, wollte Paul wissen.

»Du hast doch sicher von Adrian Probst gehört«, sagte Jan-Patrick niedergeschlagen und ließ sich neben Paul auf einen Stuhl in der gemütlichen Erkernische des Restaurants fallen. »Sie haben den Armen gestern aus der Pegnitz gefischt. Mausetot.«

»Ja«, bestätigte Paul, »aber soweit ich weiß, ist er nicht ertrunken, sondern wurde vorher erschlagen.«

»Grauenhaft!« Jan-Patrick schüttelte ungläubig den Kopf. »Mein armer Kollege. Was für ein schlimmer Tod.«

»Aber«, bemühte sich Paul um einen verständnisvollen Ton, »ich dachte immer, dass du Probst nicht besonders gut leiden konntest.«

Jan-Patrick warf ihm einen pikierten Blick zu. »Erstens habe ich ihn als Kollegen und Mitbewerber respektiert. Und zweitens redet man nicht schlecht über Tote.«

Paul horchte auf. »Was könnte man Probst denn Schlechtes nachsagen, wenn man wollte?«

Der Koch schaute sich in seinem Lokal um. Die anderen Gäste saßen weit genug entfernt, also holte er in gedämpftem

9

Ton aus: »Adrian Probst hatte sich in den letzten Wochen ziemlich damit gebrüstet, dass er demnächst ganz groß rauskommen würde.«

»Ausgerechnet Probst? Wie wollte er das denn bewerkstelligen?«, fragte Paul zweifelnd, denn er hatte über dessen Küche bisher nicht viel Gutes gehört.

»Psst! Nicht so laut!«, ermahnte ihn Jan-Patrick und erklärte: »Ich habe auch keine genaue Vorstellung von dem, was er vorhatte. Aber nach dem, was man in der Szene so hört, war Heribert Fork neuerdings sehr angetan von Probsts Kochkünsten.«

»Fork? Der bekannte Restaurantprüfer von der Gourmet-Zeitung?«, fragte Paul beeindruckt.

»Ja, Fork höchstpersönlich – eine Koryphäe auf seinem Gebiet. Zumindest wollte er Probsts Restaurant gleich nach seiner Genesung besuchen«, bestätigte Jan-Patrick.

»Genesung? War Fork krank?«, fragte Paul.

»Er hatte einen Unfall, aber inzwischen soll er wieder ganz der Alte sein – mit seinem untrüglichen Sinn für exzellente Kost.«

Paul sah seinem Freund an, wie sehr er dem verstorbenen Probst diese besondere Ehre geneidet hätte. Deshalb ließ er von dem Thema ab und kam noch einmal auf die näheren Umstände von Probsts Tod zu sprechen. »Probst ist laut Obduktionsbericht mit einem stumpfen Gegenstand erschlagen worden. Wahrscheinlich war es einfach nur ein brutaler Raubüberfall mit tödlichem Ausgang.«

»Weißt du das von deinem Zeitungsfreund Blohfeld?«, fragte Jan-Patrick süffisant.

»Er ist nicht mein Freund«, gab Paul ein wenig barsch zurück, bestätigte dann aber die Vermutung des Küchenmeisters: »Ja, aber er darf es noch nicht veröffentlichen, weil die Polizei erst einmal eine Nachrichtensperre verhängt hat.« Dann zögerte er einen Moment, bevor er weitersprach. »Übrigens, noch etwas: Blohfeld meinte, dass Probst kurz vor seinem

Ableben einen letzten Gast bewirtet hätte. Die Polizei fand den Tisch noch gedeckt vor. Vom Hauptgang – Champagner-Bratwürste an einer Terrine von Herbstgemüse aus dem Nürnberger Knoblauchsland – waren zwar nur Reste in der Küche zu finden, aber der Nachtisch stand noch auf dem Tisch.«

»Lass mich raten«, sagte Jan-Patrick und strich sich über die große Nase. »Lebkuchen-Parfait.«

Paul schüttelte den Kopf. »Nein, ausnahmsweise mal nichts typisch Nürnbergerisches. Probst hat seinem unbekannten Gast nichts weiter als schlichte Crêpes serviert.«

»Crêpes?«, fragte Jan-Patrick und kräuselte die Stirn. »Etwas einfallslos für einen angeblichen Meisterkoch.«

Paul sah ihn aufmerksam an. »Ja, das finde ich auch. Aber das Beste kommt noch: Die Crêpes waren versalzen.«

Der Koch war für einen Moment sprachlos, bevor er nachdenklich sagte: »Salz an den Crêpes – das ist mehr als ungewöhnlich. Entweder es passiert im Getümmel einer Großküche, dass Salz und Zucker verwechselt werden, und dann ist meistens ein Lehrjunge schuld – oder der Koch macht es absichtlich.«

»Absichtlich?«, fragte Paul grüblerisch. Da kam ihm ein neuer Gedanke, und er erkundigte sich: »Was genau kann sich Adrian Probst eigentlich von der Gunst eines Heribert Fork erhofft haben?«

»Im günstigsten Fall einen Stern«, mutmaßte Jan-Patrick mit deutlichem Widerwillen in der Stimme.

»Probst – ein Sternekoch?«, fragte Paul verblüfft. »Wäre das nicht doch ein wenig hoch gegriffen?«

»Absolut«, bestätigte Jan-Patrick spontan und hielt sich gleich danach die Hand vor den Mund. »Nein, wie schon gesagt: Man soll nicht schlecht über Tote reden.«

Darüber ging Paul hinweg. »Warum sollte ein Star der Szene, wie es Heribert Fork unbestritten ist, einem zweit-, wenn nicht drittklassigen Koch eine so hohe Auszeichnung verleihen?«

Jan-Patrick zuckte die Schultern. »Ich habe keine Ahnung. Aber frag ihn doch selbst.«

»Wen?«

»Na, Heribert Fork! Er soll angeblich in der Stadt sein – wahrscheinlich hat er die Urkunde bereits dabei«, sagte Jan-Patrick, abermals mit einem Fünkchen Neid in den Augen.

Die letzten Happen seines Karpfens kostete Paul genüsslich aus und tupfte sich mit der Serviette den Mund ab. Er schob den Teller beiseite und wollte sich bei Jan-Patrick gerade nach dessen Empfehlung für das Dessert erkundigen, als ihm eine Idee kam. Ein hintergründiges Lächeln zeichnete sich auf seinem Gesicht ab.

Prompt sprach ihn Jan-Patrick auf seine seltsame Mimik an. »Was ist los? War mein Fisch etwa auch versalzen?«

»Nein«, sagte Paul erheitert. »Aber möglicherweise habe ich das Geheimnis der versalzenen Crêpes gelöst.«

Der Küchenmeister blickte Paul interessiert an. »Ich kenne ja deine kriminalistische Ader, aber ich weiß nicht, worauf du hinaus willst.«

Paul lehnte sich zurück und zählte auf. »Punkt eins: Der mittelmäßige Gastronom Adrian Probst träumt vom Aufstieg in den Gourmethimmel und möchte unter allen Umständen einen Stern. Punkt zwei: Der überall anerkannte Küchenpapst Heribert Fork erleidet einen schweren Unfall und besucht nach seiner Genesung Nürnberg. Punkt drei: Adrian Probst serviert einem Gast versalzene Crêpes und treibt kurz darauf tot in der Pegnitz.«

»Ja, und?«, fragte Jan-Patrick verständnislos.

Pauls Augen leuchteten, als er verkündete: »Ich sage dir, Jan-Patrick, alle drei Punkte hängen miteinander zusammen.«

»Dann bin ich aber gespannt, wie dieser Zusammenhang aussehen soll«, sagte Jan-Patrick skeptisch.

»Wenn es stimmt, was die Leute sagen«, erklärte Paul, »hätte es bei Adrian Probst niemals für einen Stern ausgereicht. Wenn ihn ausgerechnet ein Heribert Fork dennoch mit einem Stern beehren wollte, muss das andere Gründe gehabt haben. Ich würde ja sagen, Probst hat Fork erpresst.«

»Erpresst? Womit denn?«, fragte Jan-Patrick verblüfft.

»Mit dem Wissen darüber, dass Fork durch den Unfall seinen Geschmackssinn verloren hatte«, offenbarte Paul seinen Verdacht.

»Wie kommst du darauf?«, wollte der Koch wissen.

»Ich glaube, dass Probst absichtlich versalzene Crêpes serviert hat, und zwar keinem Geringeren als Heribert Fork. Damit wollte er sich letzte Gewissheit verschaffen.«

»Damit hat Kollege Probst die Rechnung wohl ohne den Kritiker gemacht, wie man so schön sagt«, resümierte Jan-Patrick.

»Ja«, sagte Paul. »Fork fiel auf den Trick mit den versalzenen Crêpes herein, worauf Probst ihn endgültig in seiner Hand glaubte. Doch dann verlor Fork die Beherrschung. Er entledigte sich seines unliebsamen Mitwissers auf brutale Art und Weise.« Paul nahm eine Serviette zur Hand und tupfte sich erneut über die Mundwinkel. »Nun – ebenso wahrscheinlich bleibt natürlich die naheliegende Variante, dass das Ganze doch bloß ein Raubüberfall mit tödlichem Ausgang war. Aber ich finde, dass ich meine schöne Theorie zumindest mal Katinka erzählen sollte.«

»Unbedingt«, nickte Jan-Patrick und erkundigte sich im gleichen Atemzug: »Was hältst du von einer Nachspeise? Weineis mit kandierten Veilchen – das ist deine Geschichte allemal wert.«

Karpfen blau im Wurzelsud
Fränkische Fischspezialität (September bis April)

Dazu passt: Silvaner, Müller-Thurgau
Für 4 Personen
Schwierigkeitsgrad: mittel
Zubereitungszeit: 60 Minuten

2 ganze frische Karpfen (à 1-1,5 kg)
500 g Kartoffeln
1 l Wasser
1 TL Salz
100 g geriebener Meerrettich
1 Zitrone, geviertelt

Für den Sud:
2 l Wasser
1 Stange Lauch, grob geschnitten
1/2 Zwiebel, grob zerteilt
1 Karotte
1 Lorbeerblatt
1 EL Wacholderbeeren
1/2 TL Senfkörner
1 Zweiglein Rosmarin
1/2 TL zerdrückte Pfefferkörner
Salz, Zucker, Thymian, Majoran, Estragon, Dillspitzen
150 ml Weinessig
150 ml Weißwein

Frische Karpfen ausnehmen. Dazu den Kopf spalten, von hinten nach vorne den Bauch aufschneiden. Die Innereien herausnehmen und unter fließendem Wasser nur innen auswaschen. Karpfen nicht außen waschen, da die Schleimhaut zur

Blaufärbung erhalten bleiben muss. Den Fisch an der Innenseite entlang der Rückengräte von vorne nach hinten teilen.

Für den Sud in einem großen, flachen Topf das Wasser mit Lauch, Zwiebel, Karotte, Gewürzen, Essig und Wein aufkochen.

Die Karpfenhälften in den kochenden Sud legen und zugedeckt bei schwacher Hitze 30–40 Minuten köcheln lassen.

Inzwischen die Kartoffeln waschen, schälen und vierteln. Mit Wasser und Salz aufkochen und bissfest garen. Die Karpfen mit Meerrettich, Zitronenschnitzen und den Salzkartoffeln servieren.

Weineis mit kandierten Veilchen
Nachspeise

Für 4 Personen
Schwierigkeitsgrad: leicht
Zubereitungszeit: 60 Minuten

Für das Eis:
100 g Puderzucker
150 ml trockener Silvaner
250 ml Milch
1 Ei
250 g Mascarpone

Für die Veilchen:
10–15 frische Veilchen (aus dem Garten oder der Natur)
1–2 Eiweiß
100 g Puderzucker

Puderzucker und Wein in einer Edelstahlschüssel verrühren. Milch, Ei und Mascarpone hinzugeben und alles zu einer homogenen Masse aufschlagen.

Die Masse in der Schüssel kalt stellen. In die Eismaschine füllen und halbfest frieren lassen. Alternativ die Masse ins Gefrierfach stellen und ungefähr alle 30 Minuten vom Rand zur Mitte durchrühren, bis eine zähe, halbfeste Masse entsteht.

Die Veilchenblüten kurz unter fließendem Wasser abspülen und trocknen lassen. Eiweiß schaumig, aber nicht steif schlagen. Mit einem weichen Pinsel die Blüten von allen Seiten mit Eiweiß bestreichen und mit Puderzucker bestäuben. Auf ein mit Backpapier belegtes Blech legen.

Die Blüten im vorgeheizten Backofen bei ca. 80 °C trocknen.
Alternativ 2–3 Tage lufttrocknen lassen.

Die halbgefrorene Eismasse in Sektgläser verteilen und mit
den kandierten Veilchen dekorieren.

Alter Schwede

Hinter ihnen war die Tür dumpf ins Schloss gefallen. Hier unten war es kühl und klamm und die Stimmung gedrückt. Wortlos begleiteten Paul und Jan-Patrick ihren Gastgeber Christoph Hartenstein, den Bruder und einzigen Erben des Verstorbenen, durch das feuchte Gemäuer.

»Mein Beileid«, sagte Paul Flemming, als er an der Seite seines Freundes dem Hausherrn langsam die ausgetretenen Stufen in den Weinkeller hinunter folgte.

Ja, sie hatten wahrlich einen traurigen Anlass für ihren Besuch im schönen Städtchen Volkach an der Mainschleife: Gustav Hartenstein, ein Kollege und alter Bekannter von Jan-Patrick, ebenfalls Gastwirt und Besitzer eines kleinen Weinguts, war plötzlich und völlig unerwartet verstorben. Herzschlag. Paul hatte sich spontan bereit erklärt, Jan-Patrick zur Beerdigung zu begleiten. Doch vor der Trauerfeier wollten sie nun einen Kondolenzbesuch beim Bruder damit verbinden, einen Blick in den Weinkeller zu werfen. Denn aus diesem Keller stammte ein guter Teil des Weins, den Jan-Patrick seit Jahren seinen Gästen im *Goldenen Ritter* kredenzte.

»Erst letzte Woche haben wir noch miteinander telefoniert«, sagte Jan-Patrick geknickt. »Putzmunter hat sich Gustav angehört. Er hat mir von einem neuen Rezept für Mostsuppe vorgeschwärmt, das ich ausprobieren sollte. Außerdem wollte er mir unbedingt etwas zeigen, wenn ich ihn mal wieder besuchen würde. Klang sehr rätselhaft. Sagte nur, dass der Alte Schwede seine wahre Freude an der Entdeckung gehabt hätte. Was auch immer er mit diesen Andeutungen gemeint haben mochte – er hat sein Geheimnis mit ins Grab genommen.«

Hartenstein ging nicht weiter darauf ein, sondern erklärte: »Wie Sie sehen, handelt es sich um einen – für unterfränkische Verhältnisse – bescheidenen Weinkeller. Das Gasthaus und der Weinberg werfen schon lange nicht mehr genug ab. Mein Bruder war finanziell nicht auf Rosen gebettet. Ich werde es schwer haben, einen Käufer für das Anwesen zu finden.«

Der schlaksige Endvierziger mit Ansatz zur Glatze und dem Habitus eines Oberlehrers nahm sich neben dem kleinen und quirligen Jan-Patrick wie ein Riese aus. Paul musste bei diesem Anblick unwillkürlich schmunzeln. »Sie wollen den Betrieb Ihres Bruders also nicht weiterführen?«, fragte er.

»Nein«, Hartenstein schüttelte entschieden den Kopf. »Ich bin in der Pharmaindustrie beschäftigt. Zwar kein besonders gut bezahlter Posten, aber man kann davon leben, und ich habe viel zu tun. Da kann ich nebenbei unmöglich ein Weingut betreiben.«

»Schade, sehr schade«, sagte Jan-Patrick, und Paul ahnte, wie ihm das Herz blutete bei dem Gedanken, dass der Betrieb seines alten Bekannten aufgelöst wurde. »Wollen Sie denn nicht wenigstens einen guten Tropfen aus dem Kabinett des Weinkellers hinüberretten und im Gedenken an Ihren Bruder verkosten?«, fragte Jan-Patrick Hartenstein.

Doch der verneinte abermals. »In diesem Keller lagern nur Durchschnittsweine, die nicht viel wert sind. Der Weinhandel gibt nichts mehr her – Sie waren einer seiner letzten großen Kunden. Und das Kabinett: Schauen Sie selbst.«

Nach wenigen Schritten hatten sie einen abgetrennten Bereich des Weinkellers erreicht: Zwischen den Sandsteinmauern war ein kleines schmiedeeisernes Tor eingebaut worden, dessen Flügel offen standen. Hartenstein nahm eine der dort lagernden Flaschen heraus und hielt sie ins trübe Licht der spärlichen Deckenbeleuchtung, so dass man das Etikett lesen konnte. »Sehen Sie? Auch hier nur Mittelmaß. Echte Raritäten konnte mein Bruder schon lange nicht mehr produzieren.«

Er reichte Paul die Flasche – und der stutzte.

Misstrauisch taxierte Paul seine Umgebung, nun mit dem geschulten Blick des Fotografen. Vorsichtig erkundigte er sich:

»In welcher Branche, sagten Sie, sind Sie tätig, Herr Harten-stein?«

»Pharma«, antwortete dieser knapp.

Paul wagte einen Vorstoß: »Sie forschen nicht zufällig in Richtung Kardiologie?«

»Herzpräparate, doch, auch ...«, druckste Hartenstein herum.

Paul wandte sich ihm zu und stemmte provokativ die Arme in die Hüften. »Herr Hartenstein – ich glaube, dass Ihr Erbe bei weitem nicht so bescheiden ausgefallen ist, wie Sie uns glauben machen wollen!« Hartenstein sah ihn verdattert an, doch Paul ließ ihm keine Zeit, etwas zu sagen, sondern wandte sich an seinen Freund. »Was, sagtest du noch, hat Gustav Hartenstein dir kurz vor seinem Tod über seine Entdeckung erzählt? ›Der Alte Schwede hätte seine Freude daran gehabt.‹ Gab es da nicht irgendwas mit einem alten Fass im Staatlichen Hofkeller der Würzburger Residenz?«

»Richtig«, bestätigte Jan-Patrick und begann zu dozieren, während Hartenstein, wie Paul beobachtete, immer nervöser zwischen den beiden hin und her schaute. »Der Name ›Schwe-denfass‹ stammt daher, dass die Würzburger Bürger 1631 beim Anrücken schwedischer Truppen unter König Gustav Adolf ihr kostbarstes Weinfass im Wald vergruben.«

Paul wartete auf eine Reaktion Hartensteins, doch dieser wirkte wie versteinert und hörte nur stumm zu.

»Jaja, es handelte sich bei diesem Wein um einen ganz besonderen Tropfen. Das ist ein Jahrhundertwein aus dem Jahr 1540! Zwar ist die Rebsorte leider nicht mehr bekannt, aber in den neunziger Jahren wurde er verkostet und hat selbst nach einer so langen Zeit die Sommeliers noch überzeugen können«, fuhr Jan-Patrick, jetzt ganz in seinem Element, begeistert fort.

Noch immer schwieg Hartenstein. Jan-Patrick war in sei-nem Redefluss nicht zu stoppen: »Das Fass überstand die Wir-ren der Zeit. Der Wein wurde später in Flaschen umgefüllt und entsprechend seinem Ruf und seiner Vergangenheit immer wertvoller. Ein sehr kostbarer Besitz ...«

»Genau!«, unterstützte Paul Jan-Patricks Ausführungen. »Angeblich gibt es nur noch sehr, sehr wenige Flaschen. Eine davon steht im Würzburger Bürgerspital hinter Panzerglas.« Er fixierte Hartenstein mit einem wissenden Blick, bevor er seinen Verdacht äußerte: »Und eine weitere stand bis vor kurzem hier, im Kabinett deines alten Freundes.«

Hartenstein und Jan-Patrick rissen gleichermaßen überrascht die Augen auf und starrten Paul an, doch der ließ sich nicht aus dem Konzept bringen. »Einem unaufmerksamen Beobachter wäre es vielleicht entgangen, dass das schmiedeeiserne Tor zu neu und der steinerne Boden des kleinen Kabinetts zu sauber ist. Die Flaschen glänzen. Keine Spur von Staub und Spinnweben, kurzum: Die Patina fehlt.«

»Stimmt, jetzt wo du es sagst«, pflichtete ihm Jan-Patrick bei. »Hier hat jemand Hand angelegt. Es sieht ganz so aus, als hätte man den Inhalt des Kabinetts ausgeräumt und ihn in aller Eile durch neuere Flaschen ersetzt. War dieses Lager etwa doch nicht so unbedeutend?«

Paul wartete noch einen Moment und wandte sich dann wieder an den apathisch wirkenden Hartenstein. »Sie haben davon erfahren, dass Gustav das große Los gezogen hatte, vielleicht hat er es Ihnen sogar selbst erzählt – der Schwedenwein ist heute Hunderttausende wert. Sie als Pharmaspezialist haben beim Tod Ihres Bruders nachgeholfen, um schneller zu erben.«

Kaum hatte Paul diese Vermutung ausgesprochen, trat der Beschuldigte die Flucht an. Jan-Patrick wollte instinktiv hinterherstürzen, doch Paul hielt ihn mit einem zufriedenen Lächeln gelassen zurück. Auf Jan-Patricks verwunderten Blick hin erklärte er:

»Besonders gut scheint er sich im Haus seines Bruders noch nicht auszukennen. Wenn die Kellertür ins Schloss fällt, kommt man nur mit Schlüssel wieder raus. Und deshalb hatte ich so das Gefühl, es wäre sicherer, ihn einzustecken ...«

Fränkische Mostsuppe
Hauptgericht oder Vorspeise

Dazu passt: fränkischer Weißwein
Für 4 Personen
Schwierigkeitsgrad: mittel
Zubereitungszeit: 30 Minuten

Für die Mostsuppe:
1/2 Gemüsezwiebel
1/4 Sellerieknolle
1 mittelgroße Karotte
30 g Butter
40 g Mehl
400 ml Gemüse- oder Fleischbrühe
400 ml Most oder fränkischer Weißwein
2 Eigelb
200 ml Sahne
Salz, Pfeffer, Muskat

Für die Zimtcroûtons:
2 Scheiben Toast oder 1 Brötchen
20 g Butter
Zimt

Gemüsezwiebel, Sellerie und Karotte schälen und würfeln. Die Würfel in der Butter andünsten. Mit Mehl bestäuben und rühren, bis keine Klumpen mehr vorhanden sind. Die Brühe nach und nach zugießen und aufkochen lassen.

Den Most zugießen, nochmals kurz aufkochen lassen und vom Herd nehmen. Eigelb schaumig schlagen und mit der Sahne verquirlen. Die Mischung in die Suppe rühren, diese aber nicht mehr kochen lassen. Die Suppe mit Salz, Pfeffer und Muskat abschmecken.

Für die Croûtons den Toast würfeln. Mit der Butter in einer Pfanne goldbraun rösten und mit Zimt bestreuen. Die Suppe portionsweise anrichten und mit den Zimtcroûtons bestreuen.

Dieses traditionelle Spätsommer-/Herbstgericht ist nicht nur in Weinanbaugebieten beliebt.

Gebackene Holunderblüten
auf Weinschaum

Nachspeise im Frühjahr (Mai)

Dazu passt: Riesling
Für 4 Personen
Schwierigkeitsgrad: leicht
Zubereitungszeit: 30 Minuten

Für die Holunderblüten:
8–12 frische Holunderblüten mit kurzem Stiel
200 ml Milch
200 g Mehl
50 ml Weißwein
60 g Zucker
1/2 TL Salz
20 g Vanillezucker
2 Eier, getrennt
300 g Butterschmalz zum Ausbacken

Für den Weinschaum:
2 Eigelb
40 g Zucker
70 ml Weißwein
1 TL Vanillezucker

Die Holunderblüten von eventuell vorhandenen Insekten befreien, kurz unter fließendem Wasser abspülen und auf einem Küchentuch abtropfen lassen.

Für den Backteig Milch, Mehl, Wein, Zucker, Salz, Vanillezucker und Eigelb glatt verrühren. Das Eiweiß steif schlagen und unter den Teig heben.

Das Butterschmalz in einer hohen Pfanne erhitzen. Die Holunderblüten im Backteig wenden. Dabei die Blüten am Stiel fassen und kopfüber eintauchen. Im Butterschmalz goldbraun ausbacken.

Für den Weinschaum Eigelb, Zucker, Wein und Vanillezucker in einer Schüssel verquirlen. Die Mischung auf ein heißes Wasserbad setzen und schaumig schlagen.

Die Holunderblüten mit dem Weinschaum auf einem großen Teller anrichten und sofort servieren.

Bordsteinschwalben

Paul hatte die Nacht bei Katinka verbracht und fühlte sich einfach nur gut: unbeschwert und locker. Er genoss die Frühlingsluft, während er nach Hause radelte, und alle Menschen, denen er unterwegs begegnete, schienen genauso strahlender Laune zu sein wie er. Das Leben konnte so schön sein!

Als er den Burgberg erreicht hatte und sein Rad zum Weinmarkt hin ausrollen ließ, beschlich Paul ein seltsames Gefühl. Es war merkwürdig, dachte er. Der überschaubare Platz mit den Wohn- und Geschäftshäusern, den Cafés und Restaurants, dem Kopfsteinpflaster und der mittelalterlichen Kulisse lag wie immer friedlich und ruhig vor ihm. Nichts sah anders aus an diesem Morgen. Und doch: Etwas lag in der Luft.

Zwitscherten die Spatzen auf dem Platz heute leiser als sonst? Unsinn, ermahnte sich Paul. Dennoch konnte er sich des Eindrucks nicht erwehren, dass er gerade die Ruhe vor dem Sturm erlebte. Aufmerksam und angespannt steuerte er mit seinem Rad den kleinen Obst- und Gemüsestand gegenüber seiner Wohnung an.

Die Verkäuferin grüßte ihn freundlich – aber es fehlte dieser heimlich verliebte Blick, den sie ihrem Stammkunden Paul normalerweise zuwarf. Er fragte sich, ob auch diese ungewohnte Zurückhaltung Unheil verkündete.

»Einmal meine Tagesration Vitamine, bitte«, wandte er sich dennoch scherzend an die Obstfrau. Sie kam seiner Aufforderung nach und steckte zwei Äpfel, zwei Mandarinen und eine Kiwi in einen transparenten blauen Plastikbeutel. Wortlos reichte sie ihm die Einkäufe. »Danke«, sagte Paul und gab ihr das Geld. »Gibt's irgendwelche Neuigkeiten?« Die schwarzhaarige Frau schüttelte verhuscht den Kopf. Sie wirkte eingeschüchtert. »Ist etwas nicht in Ordnung?«, fragte Paul nun direkter.

Die Obsthändlerin sah sich besorgt um. Dann sagte sie sehr leise: »Vorhin haben sich zwei Männer nach Ihnen erkundigt, Herr Flemming.«

»Zwei Männer?« Paul kräuselte die Stirn. »Was waren denn das für Männer? Haben sie gesagt, was sie von mir wollten?«

»Nein.« Die Augen der Frau suchten unruhig die Umgebung ab. »Aber sie waren sehr, äh, sehr ...«

»Sehr was?«

»Sehr ... unangenehm.«

»Dann können die beiden eigentlich nur vom Finanzamt kommen«, flachste Paul.

Die Verkäuferin sah ihn ernst an: »Das waren keine Herrschaften von der Behörde. Das waren Männer, mit denen nicht zu spaßen ist.«

»Na, dann lag ich mit dem Finanzamt doch gar nicht so falsch«, versuchte Paul noch einmal, die Situation aufzulockern.

Die Obstfrau steckte die Münzen ein und machte sich wortlos daran, eine Kiste Tomaten umzupacken. Paul schloss daraus, dass das Gespräch beendet war. Er befestigte die Tüte an der Lenkstange und schob sein Fahrrad über den Platz zu seinem Wohnhaus. Er stellte es neben dem Eingang ab, kramte umständlich den Schlüssel aus seiner Hosentasche, sperrte auf und betrat den Flur. Das übliche Halbdunkel umfing ihn, und er brauchte einige Sekunden, bis sich seine Augen an das Flurlicht gewöhnt hatten. Noch bevor er etwas erkennen konnte, hörte er eilige Schritte auf sich zukommen. Im letzten Moment meinte Paul, eine Messerklinge aufblitzen zu sehen. Er reagierte unbewusst, bückte sich unter dem Hieb des Angreifers hinweg. Er spürte den Windzug, als der Arm über ihn hinwegsauste. Sofort richtete er sich wieder auf und ließ instinktiv seine geballte Faust vorschnellen. Seine Fingerknöchel krachten mitten in das Gesicht des Gegners. Paul hörte das Knacken eines Nasenbeins, gefolgt von einem gepressten Fluchen.

Doch auch Pauls rechte Hand schmerzte heftig von dem ungewohnten Schlag. Er hielt sie sich prüfend dicht vor die Augen. Ein Fehler, denn der Unbekannte nutzte diese Unaufmerksamkeit, um sich eilends aus dem Staub zu machen.

Paul überlegte kurz, ob er ihm nachsetzen sollte. Der andere hatte ein Messer – das könnte gefährlich werden. Besser wäre es, von der Wohnung aus die Polizei zu rufen. Jasmin! Die clevere Kommissarin und gute Freundin würde bestimmt wissen, was zu tun war. Er ließ seine Verfolgungspläne also fallen und hechtete die Treppen hinauf. Doch vor seiner Wohnung angekommen, bemerkte er das aufgebrochene Türschloss.

Paul war mit einem Mal schweißgebadet, und seine Hände zitterten. Nur mit Mühe gelang es ihm, wieder zu Atem zu kommen und langsam und leise die Tür zu öffnen.

Wachsam trat er ein. Sein Blick fiel auf die Mokkabraune, den lebensgroßen Abzug einer Aktaufnahme an der gegenüberliegenden Wand seines Flurs. Ihre Augen erschienen dem angespannten Betrachter schreckgeweitet, als wollte sie ihn warnen. Er sah genauer hin: In Schritthöhe der schönen Nackten hockte eine Gestalt, die Arme in Pauls Richtung ausgestreckt – jemand zielte auf ihn!

»Verdammt!« Paul warf sich flach auf den Boden. Sein Herz schlug ihm bis zum Hals. Der Schütze hatte sich erhoben und kam jetzt auf ihn zu. Paul wusste, dass der Mann eine Pistole direkt auf seinen Kopf gerichtet hielt. Er schwebte in unmittelbarer Lebensgefahr! Jede unbedachte Bewegung konnte tödlich enden. Dennoch musste er handeln.

Paul sammelte all seinen Mut und sprach den Mann an: »Seid ihr auf einmal alle verrückt geworden? Wir sind hier in Nürnberg und nicht im Wilden Westen!«

Der Mann hielt prompt inne, blieb aber stumm.

»Was wollen Sie von mir?«, rief Paul mit fast versagender Stimme.

Da sein Angreifer noch immer nichts sagte, drehte Paul sich vorsichtig auf den Rücken. Und erst jetzt – mit sich allmählich beruhigendem Puls – erkannte er, dass es überhaupt keine Pistole war, die der Mann in seiner Rechten hielt. Es war eine Art Schlüsselbund – ein Dietrich. Paul rappelte sich langsam hoch.

Das Augenpaar, das ihn anstarrte, wirkte besorgt. »Der Schöne Hans schickt uns«, stieß der Unbekannte hastig und undeutlich hervor.

»Der Schöne Hans?«, wiederholte Paul ungläubig.

Hans Schaller, der stadtbekannte Ex-Bodybuildingmeister und abgehalfterte Betreiber zwielichtiger Fitnessstudios, sollte ihm diese Schläger auf den Hals gehetzt haben? Warum das? Paul hatte mit Schaller, den jedermann nur den Schönen Hans nannte, nie viel zu tun gehabt. Vor ein paar Jahren waren sie einmal aneinander geraten, aber es war längst Gras über die Sache gewachsen. Woher also dieses plötzliche Interesse an ihm?

Der Fremde machte keine Anstalten weiterzureden. Paul fuhr ihn schroff an: »Erzählen Sie mehr! Warum hat Schaller Sie geschickt?«

Der andere erwiderte zögerlich: »Wir haben den Auftrag, Sie zu ihm zu bringen. Mit allen Mitteln.«

»Feine Mittel sind das!«, sagte Paul vorwurfsvoll. Dann ging er langsam seitwärts, bis er sein Telefon erreichen konnte. »Ich werde Sie und Ihren Kumpel anzeigen. Erzählen Sie der Polizei meinetwegen, was Sie wollen. Ihren Auftraggeber knöpfe ich mir persönlich vor.«

Paul hatte das heruntergekommene Fitnessstudio im Stadtteil Gostenhof schon einmal aufgesucht – damals in weitaus entspannterer Gemütsverfassung. Er durchquerte zielstrebig das triste Treppenhaus, passierte aggressive Kickboxer, schnaufende Schwergewichtler und Jazztänzerinnen in auffallend kurzen Röckchen, bevor er vor einer Schwingtür stand, die die Trainingshalle vom Büro des Studios trennte. Paul stieß die Türen auf und sah sich einem ungläubig glotzenden Hans Schaller gegenüber.

»Flemming?«, fragte der Schöne Hans und erhob sich von seinem Sitz, wodurch er allerdings kaum an Körpergröße gewann. »Ich dachte, Sie wären ...«

»Tot?«, vollendete Paul den Satz.

»Nicht doch!« Der Schöne Hans wedelte abwehrend mit den Händen. »Ich dachte, Sie wären bereits anderweitig verpflichtet und hätten kein Interesse an meinem Auftrag.«

Auftrag? Paul taxierte ihn misstrauisch. Der Schöne Hans mit seinem bindfadendünnen Schnauzbart, dem gegelten Haar und der Solariumsbräune gefiel ihm überhaupt nicht. »Was denn für ein Auftrag? Ich bin Fotograf. Soll ich eine Werbebroschüre für Ihr Studio machen?«

»Nein, nichts dergleichen.« Hans Schaller kam in fast unterwürfiger Haltung auf ihn zu. »Ich möchte Sie als Mediator engagieren.«

»Als was?« Paul war sich ziemlich sicher, dass Schaller das Wort ›Mediator‹ irgendwo aufgeschnappt hatte, aber nicht wusste, was es bedeutete.

»Na ja, als eine Art ... äh ... Vermittler«, stammelte der Schöne Hans verunsichert.

»Ich habe kein Interesse daran, für Sie zu arbeiten«, stellte Paul klar. Aber dann juckte ihn doch die Neugierde. »Zwischen wem oder was sollte ich denn vermitteln?«

Der Schöne Hans kam nun noch näher. Ein seltsamer Glanz trat in seine verschmitzten Schweinsäuglein. »Es geht um etwas sehr Persönliches.«

»Das wundert mich«, sagte Paul ehrlich überrascht. »Warum wenden Sie sich ausgerechnet an mich? Wir kennen uns doch kaum.«

Schaller nagte an seiner Unterlippe. Dann sagte er zögernd: »Meine Tochter, mein Baby – sie verschließt sich schon seit längerem total vor mir. Sie vermeidet jeden Kontakt und kommt höchstens mal zum Tanzen hierher. Sie nimmt das Geld, das ich ihr zustecke, und zieht wortlos wieder ab. Und jetzt ...«, seine Augen glänzten feucht, »jetzt ist sie ganz verschwunden. Seit einer Woche kein Lebenszeichen mehr von meinem Baby.«

Paul ließ diese Nachricht eine Weile auf sich wirken. Doch er begriff den tieferen Sinn der Botschaft nicht. »Ja – und?«, fragte er. »Was habe ich damit zu tun? Kenne ich Ihre Tochter?«

»Kirsten?« Der Schöne Hans sah ihn besorgt an. »Nein, ich glaube nicht, mit Aktfotografie hatte sie nie etwas am Hut. Aber inzwischen ist sie groß geworden. Hat Flausen im Kopf. Wie all die jungen Dinger in ihrem Alter.«

»Schaller! Verarschen Sie mich nicht!«, sagte Paul resolut. »Was habe ich mit Ihrer Tochter zu schaffen?«

»An die Polizei kann ich mich schlecht wenden – mein Vorstrafenregister ist zu lang. Und meinen eigenen Leuten traue ich diese heikle Angelegenheit nicht zu. Sie gehen mitunter etwas zu grob vor.«

»Ja, da kann ich ein Lied von singen! Trotzdem – warum ich?« Paul verstand noch immer nicht.

Schaller näherte sich Pauls Gesicht jetzt bis auf wenige Zentimeter. »Weil Sie ein Pendler zwischen den Welten sind. Sie verkehren dank Ihrer Affäre mit der Oberstaatsanwältin Blohm in höchst offiziellen Kreisen, aber ebenso in der Halbwelt – Aktfotos, manchmal sogar Sado-Maso.«

»Die Sado-Maso-Sache in den Lochgefängnissen war eine Ausnahme!«, versuchte Paul seinen Ruf zu retten.

Doch der Schöne Hans zwinkerte ihm verschwörerisch zu. »Ich bitte Sie, Herr Flemming. Wir sind doch beide keine Waisenknaben. Außerdem sind Sie ein ausgezeichneter Fotograf. Sie haben Teleobjektive und können bestimmt ebenso gut observieren. Und Kirsten kennt Sie nicht. Meine Mitarbeiter sind, ganz offen gesagt, zu dämlich. Kirsten hängt sie jedes Mal ab und verschwindet. Bei Ihnen wird sie keinen Verdacht schöpfen, wenn Sie ihr folgen. Alles, was ich von Ihnen will, ist ein wenig Recherchearbeit: Finden Sie heraus, was meine Tochter vor mir verheimlicht! Ich werde Sie gut bezahlen.«

»Ich dachte, Sie stehen kurz vor dem Bankrott?«, konnte Paul, der die Zeitungsberichte kannte, sich nicht verkneifen zu sagen.

»Das erzähle ich dem Finanzamt – aber für Notfälle wie diesen habe ich genügend auf die Seite gelegt. Sie können mir vertrauen.« Der dünne Schnauzbart bog sich an seinen Enden ein winziges Stück nach oben, als der Schöne Hans versuchte zu lächeln.

»Also gut«, gab Paul nach. »Ich werde mich umhören. Aber ich kann nicht versprechen, dass ich Erfolg haben werde.«

Schaller sah ihn mit ungespielter Dankbarkeit an.

Da hatte er sich etwas eingebrockt. Verdammt! So etwas war doch wirklich nicht sein Ding. »Du bist Fotograf und kein Detektiv!«, schalt er sich. Aber für diese Einsicht war es natürlich viel zu spät. Paul hatte sich mit der Unterwelt – wenn man es denn so nennen mochte – eingelassen, und nun führte kein Weg mehr hinaus, außer dem, der auch zum momentanen Aufenthaltsort von Schallers Tochter führte. Und hätte er sich nicht darauf eingelassen, hätte es unangenehme Folgen für ihn haben können, denn Schaller galt als jähzornig und nachtragend. Einmal hatte Paul seine Schläger zwar abwehren können – aber würde ihm das wieder gelingen?

Verdammt! Paul durchquerte sein Atelier im Stechschritt. Wer konnte ihm aus der Bredouille helfen? Da fiel ihm nur einer ein: Blohfeld.

Keine zehn Minuten später saß er auf dem unbequemen Besucherstuhl im Büro des Polizeireporters. Paul schilderte so sachlich wie möglich, was ihm bisher widerfahren war, aber es reichte, um dem hageren Boulevardjournalisten ein lüsternes Lächeln zu entlocken. »Dann stecken Sie ja mitten drin im Sumpf aus Sex and Crime, Flemming!«, amüsierte er sich.

»Was soll das denn heißen?« Paul war noch immer höchst angespannt.

Der Reporter winkte ab. »Keine Sorge, ich pauke Sie da schon raus. Ich habe reichlich Erfahrung mit dem Rotlichtmilieu. Erinnern Sie sich an die Serie Nürnberg bei Nacht?«

»Nein«, entgegnete Paul trocken.

Blohfelds Augen glänzten, als er ausführte: »Da haben wir die ganze Breitseite, äh, Bandbreite des Nachtlebens dargestellt. Restaurants, Theater und Oper, Kinos, Tanz und Ballett ...«

»Aber auch Peepshows und Table Dance«, ergänzte Paul, der nun ahnte, worauf der Reporter hinaus wollte.

Dieser nickte mit schlauem Lächeln. »Natürlich. Auch das gehört dazu. Unter anderem waren wir für unsere Recherchen in einem Saunaclub mit einigen sehr netten Ladys, die sich bereitwillig fotografieren ließen. Und wer stand am Empfang? Eine sehr scheue und blutjunge Kirsten Schaller, die Tochter des Besitzers, der sie stolz vorgestellt hat. Leider mussten wir für die Veröffentlichung die Gesichter mit Weichzeichner verschleiern, da die Damen nicht erkannt werden wollten – die meisten von ihnen übten ihren Zweitjob im Saunaclub nämlich ohne das Wissen ihrer Ehemänner aus.«

»Eine nette Vorstellung«, sagte Paul schwach.

»Tun Sie nicht so puritanisch«, wies ihn der Reporter zurecht. »Die Frauen im Saunaclub und viele ihrer Kolleginnen zählen zu den besten Quellen meines Gewerbes. Eine Hand wäscht die andere: Ich bekomme nirgendwo sicherere und umfassendere Informationen als bei meinen treuen Bordsteinschwalben.«

»Ist das nicht ein Widerspruch in sich?«

»Was meinen Sie?«

»Na, Treue und Prostitution.«

Blohfeld schüttelte entschieden den Kopf. »Im Gegenteil. Meine Informantinnen sind durch ihren Job möglicherweise desillusioniert, was gewisse romantische Klischees anbelangt. Dafür sind sie aber umso offener und auskunftsfreudiger in Bezug auf mögliche Motive und Hintergründe.«

»Also?«

»Also werden Sie Trixi kennenlernen.«

Wen oder was auch immer sich Paul unter Trixi vorgestellt haben mochte – die reale Trixi übertraf seine Erwartungen. Er traf die Dame nach diskreter Vermittlung durch Blohfeld in einem schäbigen Hotelzimmer in der Ottostraße. Womit Trixi ihren Lebensunterhalt verdiente, war an ihrer äußeren Erscheinung klar abzulesen, aber Paul gewann den Eindruck, dass sie ihre lukrativsten Jahre bereits hinter sich hatte.

»Na und?«, begrüßte ihn die korpulente Frau in wallendem rosa Nachthemd. »Ich gehe stramm auf die sechzig zu – aber es gibt Männer, die stehen auf Reife.« Paul verkniff sich eine Antwort. »Eigentlich mache ich um Leute von der Presse einen weiten Bogen. Aber Victor hat dich empfohlen. Also, was willst du, Kleiner?«

Paul brachte sein Anliegen kurz und bündig vor und verdrängte die Überlegung, in welcher beruflichen oder privaten Beziehung Blohfeld und Trixi wohl stehen mochten. Er blieb dabei wohlweislich in der Nähe der Tür stehen, denn er hatte nicht das leiseste Verlangen, sich neben Trixi auf der einzigen Sitzgelegenheit in dem kleinen, muffigen Zimmer niederzulassen: dem Bett.

»Ach, darum geht es euch?«, fragte Trixi geradezu beleidigt. »Das pfeifen doch längst die Spatzen von den Dächern, dass die Kleine vom Schönen Hans die Nase voll hat und auf eigenen Beinen stehen will. Nein«, sie wedelte mit ihren mehrfach beringten Händen, »von wegen Flausen im Kopf. Sie sieht keinen anderen Weg, es ihrem Vater zu zeigen.«

»Was zu zeigen?«, wollte Paul wissen.

Trixi stützte ihr Doppelkinn auf ihre gefalteten Hände. »Es gibt doch dieses Sprichwort vom Apfel, der nicht weit vom Stamm fällt. In Kirstens Fall ist der Apfel weit vom Stamm gefallen – sehr weit sogar.«

»Das verstehe ich nicht«, sagte Paul.

Trixi griff in ihre üppig gelockten Haare, zog sie mit einem Ruck vom Kopf – darunter war sie grau. »Manchmal trügt der Schein.« Sie grinste ihn an. »Finde es selbst heraus. Vielleicht kannst du ja dem Schönen Hans klar machen, warum seine Tochter keine Lust auf seine Geschäfte hat. Sie tanzt doch nur noch, weil sie das Geld braucht.« Sie nahm einen Zettel von ihrem Nachttisch und kritzelte eine Adresse darauf. »Von mir hast du das nicht, geht das klar?«

Paul blickte auf den Zettel: die Adresse eines Studentenwohnheims. Er nickte. »Ja. Das geht klar.«

Nun war Paul auf Hannahs Mithilfe angewiesen. Sie begleitete ihn, als Paul das Wohnheim aufsuchte – eine junge Frau konnte sich leichter zu Kirstens Zimmer durchfragen, ohne Misstrauen zu wecken. Paul hielt sich wohlweislich im Hintergrund. Sehr bald hatten sie die richtige Tür gefunden. Und als sie geöffnet wurde, machte Paul große Augen: Eine bildhübsche junge Frau stand ihnen gegenüber. Nur an der Mundpartie erkannte Paul die Ähnlichkeit mit dem Schönen Hans.

»Wollen Sie zu mir?«

»Mein Name ist Flemming, Paul Flemming«, stellte Paul sich vor, »und das hier ist Hannah Blohm. Ihr Vater macht sich Sorgen um Sie. Er hat mich beauftragt, nach Ihnen zu suchen.«

Unvermittelt brach die junge Frau in Tränen aus. Sie habe sich für ein Kunststudium eingeschrieben, schluchzte die schlanke Brünette, aber sie habe Angst vor der Reaktion ihres Vaters gehabt. Dessen Geschäfte sähen schließlich ganz anders aus, und er hätte sie als künftige Geschäftsführerin für seine Etablissements vorgesehen. Sie wolle ihn nicht enttäuschen, denn er sei trotz seines Lebenswandels immer ein großherziger Mensch gewesen.

»Und was hat diese Professionelle damit zu tun, diese Trixi?«, wollte Paul wissen.

»Sie ist eine mütterliche Freundin«, schluchzte sie. »Wenn ich in Minirock und knappem Top von zuhause fort bin, habe ich mich bei Trixi umziehen dürfen, um als normales Mädel in die Uni gehen zu können. Sie hat mir geholfen, meine Tarnung aufrecht zu erhalten. Ich hatte solche Angst, dass Papa ausflippt, wenn er erfährt, dass ich den bürgerlichen Lebensweg eingeschlagen habe.«

Paul und Hannah verständigten sich mit Blicken und bemühten sich, das verzweifelte Mädchen zu beruhigen. Für Paul stand fest, wie er diesen Fall beenden würde: als Vermittler mit dem Mut zur Wahrheit.

Er verzichtete auf ein Honorar, aber ließ sich vom Schönen Hans in den *Goldenen Ritter* einladen, um dort die Karten auf den Tisch zu legen. »Ihr Baby will einfach nur seinen eigenen Weg gehen. Sie ist clever und will etwas aus ihrem Leben machen.«

Der Schöne Hans hörte sich die ganze Geschichte schweigend an. Dann lächelte er erleichtert, tätschelte Pauls Schulter und sagte: »Lassen Sie es sich schmecken. Und wenn Sie mal Hilfe aus dem Lager der bösen Buben benötigen, lassen Sie es mich einfach wissen.«

Paul schmunzelte. Wer weiß, sagte er sich. Wer weiß ...

Fränkische Tassenlasagne
Vor- oder Hauptspeise

Dazu passt: Rotwein
Für 4 Personen
Schwierigkeitsgrad: mittel
Zubereitungszeit: 60 Minuten

20 Lasagne-Platten
50 g geriebener Emmentaler

Für die Béchamelsoße:
100 g Mehl
100 g Butter
1 l Milch
1 Schuss Weißwein
Salz, Pfeffer
1 Prise Muskat

Für die Bratwurstsoße:
1 kleine Zwiebel, gehackt
Olivenöl
500 g Bratwurstgehäck
500 ml passierte Tomaten
Majoran, gehackt
Basilikum, gehackt

Außerdem:
ofenfeste Pasteten-Förmchen (8–11 cm Ø)
Butter und Mehl für die Förmchen

Die Lasagne-Platten in warmem Wasser einweichen. Mit einer Tasse, die der Größe der Förmchen entspricht, 16 Kreise ausstechen (pro Förmchen 4 Kreise).

Die Förmchen mit Butter einfetten und mit Mehl bestäuben. Mit je 1 Nudelkreis und am Rand mit langen Nudelstreifen auskleiden.

Für die Béchamelsoße die Butter in einem Topf erhitzen. Das fein gesiebte Mehl nach und nach zugeben und gleichmäßig rühren, bis sich eine glatte, cremige Masse bildet. Die Milch nach und nach unterrühren. Zum Schluss den Weißwein einrühren. Die Sauce mit Salz, Pfeffer und Muskat abschmecken.

Für die Bratwurstsoße die Zwiebeln in etwas Olivenöl andünsten. Das Bratwurstgehäck gut darin anbraten. Passierte Tomaten zugeben und 10 Minuten köcheln lassen. Mit Majoran und Basilikum abschmecken.

Die Förmchen mit einer fingerdicken Schicht Bratwurst- und Béchamelsoße füllen, dann je 1 Nudelkreis auflegen. Fortfahren, bis beide Soßen und die Nudelkreise aufgebraucht sind. Mit Béchamelsoße abschließen. Die Lasagne mit Emmentaler bestreuen und im vorgeheizten Backofen bei 180 °C in 20–30 Minuten goldgelb backen.

Kräuter-Omelett mit Hopfenspargel
Regionale Frühlingsspezialität in Hopfenanbaugebieten

Dazu passt: Riesling, Silvaner, Müller-Thurgau
Für 1 Person
Schwierigkeitsgrad: leicht
Zubereitungszeit: 20 Minuten

150 g Hopfensprossen
Salz
1 Prise Zucker
30 g frische Kräuter (z.B. Petersilie, Schnittlauch,
Brunnenkresse, Löwenzahn, Kerbel)
+ frische Kräuter für die Garnitur
3 Eier (Größe M)
Pfeffer
30 g Butter

Die Hopfensprossen gründlich waschen. Die Sprossen in einen Topf mit kochendem Salzwasser geben, so dass sie gerade schwimmen können. Zucker zugeben und ca. 5 Minuten blanchieren.

Die Kräuter waschen, trocken schütteln und hacken. Eier und Kräuter mit einer Gabel verquirlen und mit Salz und Pfeffer würzen. Die Butter in einer Pfanne erhitzen. Die Eiermasse hineingießen und bei starker Hitze vorsichtig zu einem Halbmond schieben. Dabei die Pfanne immer wieder schwenken, damit die Eiermasse nicht anbäckt. Das Omelett wenden und von der zweiten Seite goldbraun braten.

Das Omelett auf einen Teller gleiten lassen. Halbseitig mit dem blanchierten Hopfenspargel belegen, so dass die

Spargelspitzen noch etwas über den Rand hinausragen. Das Omelett zusammenklappen und mit frischen Kräutern garnieren.

Hopfensprossen sind eine besondere und heute kaum mehr bekannte Delikatesse, die nur 3–4 Wochen im April und Mai verfügbar ist.

Bamberger Bierrevolte

»Mmmh, das schmeckt«, seufzte Paul Flemming, wischte sich den Schaum vom Mund und lehnte sich zufrieden zurück.

Hannah, die ihm an dem Tisch in einer urgemütlichen Bamberger Kneipe gegenübersaß, sah alles andere als glücklich aus. Sie schob ihr Glas demonstrativ beiseite und moserte: »Nichts gegen geräucherten Schinken – aber im Bier brauche ich diesen Geschmack ganz bestimmt nicht.«

Paul betrachtete amüsiert das sauertöpfische Gesicht seiner jungen Begleiterin und stichelte: »Wenn du in Bamberg statt in Nürnberg studieren würdest, hättest du dich inzwischen an Rauchbier gewöhnt statt an Prosecco.«

»Haha, sehr witzig.« Hannah versetzte ihm unter dem Tisch einen gut gezielten Tritt. »Warum mussten wir denn unbedingt hierher fahren?«, wollte sie wissen. »Du hast mir einen besonderen Ausflug mit Überraschung versprochen – und jetzt hocken wir hier in der Provinz.«

»Erstens«, sagte Paul und rieb sich das schmerzende Schienbein, »ist Bamberg immer eine Reise wert. Denk an all die barocke Pracht, die Altstadt mit ihren verwinkelten Gassen, die romantischen Wege entlang der Regnitz, Klein Venedig und, nicht zu vergessen, die kulinarischen Schmankerl …«

»Jaja«, unterbrach ihn Hannah. »Und zweitens?«

»Zweitens soll ich für die Zeitung ein wenig recherchieren und ein paar gute Fotos mitbringen.« Er beugte sich vor und flüsterte: »Du weißt schon – wegen des Toten bei der Bamberger Bierrevolte. Diese Kneipe hier war der Schauplatz. Es ist noch nicht einmal einen Monat her.«

Hannah strich sich erstaunt eine verirrte Locke aus der Stirn und blickte sich in der Gaststube um. Dunkle Holzvertäfelung, niedrige Decke, ein paar trübgelbe Lichter über den Tischen – und trotz der noch frühen Abendstunde war das Lokal schon rappelvoll.

»Das *Räucherla* ist eine der angesagtesten Adressen in der Sandstraße, eine echte Goldgrube«, holte Paul, noch immer leise sprechend, aus. »Aber der frühere Pächter hat wohl den Hals nicht voll bekommen und den Bierpreis innerhalb von wenigen Monaten zweimal kräftig erhöht. Touristen hätten das vielleicht geschluckt, nicht aber die Bamberger Stammkundschaft, darunter viele Studenten. Sie haben sich auf ihre Art gewehrt – ganz nach alter Bamberger Tradition.«

»Ja, angeblich gab es doch in Bamberg sogar mal einen echten Bierkrieg«, sagte Hannah naserümpfend. »Na, in einer Stadt, die den Rekord in Hexenverbrennung hält, wundert mich gar nichts.«

»Du brauchst dich nicht darüber lustig zu machen«, tadelte Paul. »Den Bierkrieg hat es tatsächlich gegeben, und das aus gutem Grund. Es war im Jahr 1907, als die Bamberger Brauereien den Preis für das Seidla, also den halben Liter, um einen Pfennig von zehn auf elf Pfennig erhöht haben. Bier galt und gilt in Bayern ja als Grundnahrungsmittel, und bei Preiskämpfen um dieses hohe Gut haben die Leute noch nie Spaß verstanden. Unter der Führung eines gewissen Karl Panzer trat seine Anhängerschaft in den Bierstreik. Bald machten sogar einige Wirte mit und verkauften billigeres Bier aus Forchheim. Nach einer Woche gaben die Brauereien auf und verzichteten vorerst auf die Preiserhöhung.«

»Das ist ja alles sehr interessant«, räumte Hannah ein, »aber nun hat es immerhin einen Toten gegeben, und das geht ja wohl selbst für einen echten Bierfreund zu weit, oder?«

»Kommt drauf an«, belehrte Paul sie. »Beim Frankfurter Bierkrawall vom 21. April 1873 waren zwanzig Opfer zu beklagen. Auslöser der Unruhen war auch dort die Erhöhung des Bierpreises durch die örtlichen Brauereien. Die Leute gingen deswegen auf die Straßen, worauf das preußische Militär die Revolte brutal niederschlug.«

»Was ja nun bei der neuesten Bamberger Bierrevolte auch passieren könnte. Wahrscheinlich werden meine armen

Bamberger Kommilitonen bald die Gummiknüppel der Polizei auf ihren Köpfen spüren.«

»Verdient hätten sie es nach alldem«, sagte Paul. »Erst haben sie das *Räucherla* mit Graffiti besprüht. Dann wurde der Wirt handfest bedroht. Und schließlich flogen sogar Pflastersteine durch die Fenster.«

»Ja, damit haben sie wirklich übertrieben«, sagte Hannah und wirkte auf einmal sehr nachdenklich. »Sag mal, Flemming, haben die Sprayer ihr Logo hinterlassen?«

»Soviel ich weiß, ja«, sagte Paul. »Warum fragst du?«

Hannah schüttelte ungeduldig den Kopf. »Und die Steinewerfer? Haben sie auch eine Botschaft zurückgelassen?«

»Ja«, nickte Paul. »Jeder dieser Anschläge war ganz klar gegen die Bierpreispolitik des Wirts gerichtet, und die Verursacher waren leicht als Stammkunden zu identifizieren. So stand es zumindest in den Artikeln des *Fränkischen Tags*, die ich mir online durchgelesen habe. Aber ich verstehe immer noch nicht, worauf du hinaus willst.«

»Paul«, sagte Hannah nun sehr ernst. Ihre Wangen glühten. »Wie genau ist der frühere Wirt des *Räucherla* ums Leben gekommen?«

Paul sah sie neugierig an. »Er wurde vergiftet. So stand es laut Blohfeld im Polizeibericht.«

»Vergiftet«, wiederholte Hannah. »Findest du wirklich, dass das zusammenpasst?« Paul wusste noch immer nicht, was seine junge Bekannte andeuten wollte, und zuckte ratlos mit den Schultern. Daraufhin erklärte Hannah in ihrer forschen Art: »Lass mich mal kurz zusammenfassen. Der Wirt des *Räucherla* erhöht den Bierpreis, woraufhin seine Gäste revoltieren. Sie besprühen sein Lokal, drohen ihm, werfen sogar Steine. Alles sehr grobe und unmittelbare Reaktionen, sozusagen aus dem Bauch heraus. Da steckt keine große Planung oder Heimtücke dahinter. Ein Giftmord, das ist etwas völlig anderes.«

»Du meinst«, begriff Paul, »dass der Mord womöglich gar nichts mit der Bierrevolte zu tun hat?«

Hannah nickte eifrig. »Genau. Und da stellt sich natürlich die Frage ...«

»... wer von diesem Mord am meisten profitiert hat«, beendete Paul ihren Satz.

Beide blickten von ihrem Tisch in die Richtung des Ausschanktresens am anderen Ende des Raums. Dahinter werkelte der neue Pächter und Wirt, ein Mittdreißiger mit entschlossenem Gesichtsausdruck, für einen Gastronomen bei der Arbeit fast zu gut gekleidet. Paul stand auf und ging auf die Theke zu. Hannah folgte ihm in geringem Abstand.

»Flemming«, stellte sich Paul vor und hob seine Kamera an. »Darf ich einige Fotos von Ihnen machen?«

»Wozu soll das gut sein?«, fragte der neue Wirt abwehrend. »Sie sehen doch, ich habe alle Hände voll zu tun.«

»Die Geschäfte laufen gut, was?« Paul ließ sich nicht abwimmeln. »Vor allem, seit Sie die Preiserhöhung Ihres Vorgängers zurückgenommen haben, oder?« Der Wirt zuckte nur mit den Schultern.

»Diese Bierrevolte und ihr blutiger Ausgang, das muss für Sie ja ein wahrer Glücksfall gewesen sein«, stocherte Paul weiter. »Ich kann mir gut vorstellen, dass Sie schon länger darauf aus waren, ein Lokal in der legendären Sandstraße zu führen, stimmt's? Die Chance, ein Objekt in dieser Lage übernehmen zu können, ist ja fast wie ein Sechser im Lotto.«

Der Wirt sah Paul unwillig an. »Was wollen Sie von mir?«, fragte er gereizt.

Paul wusste, dass er nichts gegen den Mann in der Hand hatte, aber er verstand es zu pokern. Also sagte er so beiläufig wie möglich: »Nichts weiter. Außer vielleicht, dass Sie mir verraten, warum Sie ausgerechnet zu Gift gegriffen haben? Eine Messerattacke oder meinetwegen eine Pistolenkugel wäre doch viel glaubhafter gewesen, um eine falsche Fährte zu legen.«

Der Bierkrug, den der Wirt gerade aus dem Spülbecken gehoben hatte, entglitt seinen Händen und schlug dumpf auf den Bodenfliesen auf.

Die Handschellen waren längst zugeschnappt, als Hannah und Paul sich ein lauschiges Plätzchen im nahegelegenen Palais Schrottenberg suchten. Dort nahmen sie inmitten eines überwiegend gediegenen Publikums Platz – und hatten die Qual der Wahl zwischen verführerisch klingenden Krautwickeln in Dunkelbiersoße und herzhaften Bauchstecherla ...

Krautwickel in Dunkelbiersoße
Deftiges Hauptgericht

Dazu passt: Rauchbier
Für 4 Personen
Schwierigkeitsgrad: mittel
Zubereitungszeit: 90 Minuten

Für die Krautwickel:
1 großer Weißkohl
500 g gemischtes Hackfleisch
1 große Zwiebel, fein gehackt
2 Eier
Salz, Pfeffer
1 Prise Muskat
4 Schweinenetze (gewässert) oder Zahnstocher
50 g Butterschmalz
150 ml Fleischbrühe
Kümmel
4 EL Crème fraîche zum Servieren

Für die Dunkelbiersoße:
100 g Speck
1 Zwiebel
1–2 Scheiben Schwarzbrot
50 g Butter
500 ml dunkles Bier

Für das Kartoffelpüree:
1 kg mehlig kochende Kartoffeln
Salz
60 g Butter
300 ml Milch
1 Prise Muskat

Für die Krautwickel die obersten Blätter und den Strunk des Weißkohls entfernen. Die großen äußeren Blätter (je Krautwickel 2–3 Stück) kurz in heißem Wasser blanchieren, bis sie formbar sind. Mit einer Schöpfkelle herausnehmen und auf einem sauberen Küchentuch abtropfen lassen.

Das Hackfleisch mit Zwiebel, Eiern, Salz, Pfeffer und Muskat gut verkneten. Jeweils ein Viertel der Hackfleischmasse auf ein großes Weißkohlblatt häufen, bei Bedarf mehrere Blätter verwenden. Die Seitenränder längs einschlagen und das Blatt aufrollen. Zum Schluss in ein Schweinenetz einschlagen oder mit Zahnstochern fixieren.

Das Butterschmalz in einer hohen Pfanne erhitzen und die Krautwickel rundum darin anbraten. Mit Fleischbrühe auffüllen, etwas Kümmel zugeben und abgedeckt etwa 1 Stunde bei schwacher Hitze köcheln lassen.

Für die Soße Speck, Zwiebel und Brot würfeln. Die Würfel in der Butter anrösten. Mit Bier und dem Fond der Krautwickel aufgießen. Etwas einkochen lassen, durch ein Sieb passieren und abschmecken.

Für das Püree die Kartoffeln schälen, grob würfeln und in Salzwasser weich kochen. Dann abgießen. Butter, Milch, Salz und Muskat zugeben und mit dem Stabmixer pürieren.

Die Krautwickel mit Biersoße, Kartoffelpüree und je 1 EL Crème fraîche portionsweise auf großen Tellern anrichten.

Bauchstecherla mit Speck und Kraut
Fränkische Spezialität

Dazu passt: Bier
Für 4 Personen
Schwierigkeitsgrad: leicht
Zubereitungszeit: 45 Min

Für die Bauchstecherla:
1 kg mehlig kochende Kartoffeln
250 g Mehl
2 Eier
1 Prise Salz
Muskat
500 ml Milch
500 ml Wasser

Für Speck und Kraut:
250 g Weinkraut (aus der Dose)
Salz
Zucker
4 TL Wasser
1 Lorbeerblatt
4 Wacholderbeeren
3 TL Weißwein
200 g geräucherter Bauchspeck
20 g Butterschmalz

Die Kartoffeln waschen und in kochendem Wasser garen. Abgießen, kurz ausdampfen lassen und schälen. Die Knollen durch die Kartoffelpresse drücken oder in einer Schüssel zerstampfen. Mit Mehl, Eiern, Salz und Muskat zu einem festen Teig vermengen. Aus dem Teig kleine Kugeln formen und diese zwischen den Handflächen zu bauchigen Würstchen mit spitzen Enden rollen.

In einem Topf Milch, Wasser und etwas Salz aufkochen. Die Bauchstecherla hineingeben und bei schwacher Hitze garen; sie sind fertig, wenn sie oben schwimmen. Abgießen und abtropfen lassen.

Das Weinkraut mit etwas Salz, Zucker, Wasser, Lorbeerblatt, Wacholderbeeren und Weißwein ca. 30 Minuten kochen. Abgießen und abtropfen lassen.

Den Bauchspeck würfeln und in einer Pfanne im heißen Butterschmalz auslassen. Die abgetropften Bauchstecherla zugeben und bei starker Hitze goldgelb braten. Das Weinkraut einrühren und mit den Bauchstecherla nochmals kräftig in der heißen Pfanne schwenken.

Auf dem Berg, da gibt's kei Sünd

Zünftige Blasmusik, klirrende Maßkrüge, offenherzige Dekolletés, fränkische Dirndl – und dazu die Sonnenstrahlen, die durch das frische Grün der Kastanienkronen blitzten. Aus Pauls Sicht waren das die perfekten Voraussetzungen für einen rundum gelungenen Frühschoppen auf der Erlanger Bergkirchweih. Obwohl Paul beruflich hier war – in Blohfelds Auftrag auf Promijagd –, fühlte er sich so richtig wohl.

Durch einen lauten Schrei wurde Paul jäh aus seinen Gedanken gerissen. Als er sich umdrehte, sah er, wie ein Mann über eine Bierbank hechtete und sich mit Karacho auf Fritz Wörner stürzte. Der Landtagsabgeordnete brach unter der Wucht des Aufpralls zusammen. Flach auf dem Boden liegend, versuchte er mehr schlecht als recht, sich gegen die wütenden Fausthiebe seines sehr viel jüngeren Angreifers zu schützen. Ein Attentat? Wahrscheinlich war dem Knaben eher der Alkohol zu Kopf gestiegen.

Nach dem ersten Schreck rannte Paul auf die hoffnungslos ineinander verkeilten Streithähne zu, um sie zu trennen. Doch zwei herbeieilende Mitarbeiter eines privaten Sicherheitsdienstes waren schneller. Da Paul nichts weiter zu tun blieb, gab er seinem Impuls nach und schoss ein paar Fotos.

Unter lautem Protestgebrüll wurde der junge Mann abgeführt. »Sie glauben wohl, Sie dürfen alles, nur weil Sie einer von den Großkopferten sind!«

Der Abgeordnete rappelte sich ächzend auf. Reichlich derangiert strich sich Wörner seine Hose glatt, ordnete das schüttere Haar und ging dann entschlossenen Schrittes direkt auf Paul zu. »Sie haben Fotos gemacht? Ich will Ihre Speicherkarte als Beweis! Diesen miesen Schläger zeige ich an. Den mache ich fertig!« Beschwichtigend redete Paul auf den aufgebrachten Politiker ein. Doch der blieb bei seiner Forderung: »Den Speicherchip! Sofort!«

Paul kannte Wörner bislang nicht persönlich. Aber natürlich hatte er in der Zeitung schon viel über ihn gelesen. Ein konservativer Politiker, Familienmensch, fachlich ausgerichtet auf das Thema Bildungswesen. Er galt allgemein als umgänglicher Mensch mit nur wenigen Allüren. Dass er Paul gegenüber so feindselig auftrat, konnte sich dieser nur mit dem Schock des gerade Erlebten erklären.

»Muss ich Sie erst an meine Persönlichkeitsrechte erinnern?«, fuhr Wörner aufgebracht fort. »Ich will nicht, dass sich davon ein Bild in der Zeitung wiederfindet.«

Das hatte Paul gerade noch gefehlt. Dennoch entschied er, seinen Prinzipien treu zu bleiben. Freundlich, aber unmissverständlich wies er Wörners Forderung zurück und schlug stattdessen vor: »Ich kann die letzten Aufnahmen gern auf eine CD brennen und der Polizei direkt als Beweismaterial zur Verfügung stellen.«

»Nein, ich will die kompletten Fotos«, brauste Wörner auf. »Hier haben Sie fünfzig Euro, davon können Sie sich einen neuen Speicherchip kaufen. Ich brauche die alle, jetzt sofort!«

Paul runzelte die Stirn. Warum denn gleich alle? »Tut mir leid, aber die Speicherkarte gebe ich nicht her«, stellte er noch einmal klar.

Der Abgeordnete brauste erneut auf: »Sie werden mich noch kennenlernen!« Mit geballten Fäusten rauschte er davon.

Nachdem sich Paul in einer lauschigen Ecke im *Entla's Keller* drei Scheiben vom Ochs am Spieß und eine Radlermaß hatte schmecken lassen, brach er ohne allzu große Eile auf, ging zum Großparkplatz und fuhr in seinem Renault zurück nach Nürnberg.

In der Redaktion der Boulevardzeitung scharrte Victor Blohfeld schon mit den Hufen. »Nicht genug damit, dass ich heute für unsere Klatschkolumnistin einspringen muss, Sie lassen mich auch noch ewig auf die Fotos warten«, wetterte der hagere Polizeireporter und drängte Paul an seinen PC. »Für die VIP-Seite haben wir bald Redaktionsschluss!«

»Jaja, schon gut.« Paul ließ sich nicht aus der Ruhe bringen und reichte Blohfeld den Speicherchip.

»War denn wenigstens was los auf dem Berg?«, fragte der Reporter, während er den Chip ungeduldig in ein Lesegerät schob.

»Das kann man wohl sagen«, grinste Paul und berichtete Blohfeld haarklein von den Ereignissen.

Blohfeld spitzte natürlich die Ohren, und noch während sich die Fotovorschau auf dem Bildschirm aufbaute, hatte der Reporter schon eine Theorie, warum der Abgeordnete Wörner so heftig angegangen worden war. »Das liegt doch auf der Hand, Flemming. Wörner ist in der Bildungspolitik und bekanntlich ein Verfechter der Studiengebühren. Durch seine Anwesenheit auf dem Berg fühlt sich der ein oder andere Student provoziert und schlägt nach ein paar Bier über die Stränge.«

»Daran habe ich auch schon gedacht«, sagte Paul. »Aber das werden wir nicht beweisen können, wenn die Polizei dem nicht weiter nachgeht. Außerdem will Wörner sowieso nicht, dass die Fotos abgedruckt werden. Persönlichkeitsrecht.«

»Pah!«, tat Blohfeld diesen Einwand ab. »Als Politiker in so einer Position kann er seine Persönlichkeitsrechte vergessen. Selbstverständlich bringen wir die Bilder!« Er vergrößerte jetzt einige der entscheidenden Aufnahmen auf dem Monitor und feixte: »Prima! Das rettet uns die morgige Schlagzeile!« Interessiert blätterte er dann auch die restliche Fotoausbeute des Vormittags durch.

Zunächst Aufnahmen vom Frühschoppen. Munter mit dabei: der Abgeordnete Wörner. Einmal in lebhafter Diskussion mit einigen Erlanger Stadträten, dann im einträchtigen Plausch am Siemens-Tisch, schließlich beim Smalltalk mit der feschen Hopfenkönigin. Ein nettes Bild, dachte sich Paul. Das Jägergrün von Wörners Trachtenanzug kontrastierte angenehm mit dem Samtrot des tief ausgeschnittenen Kleides seiner Gesprächspartnerin.

Blohfeld blätterte weiter, und Paul hatte plötzlich den Eindruck, als würde der Reporter nach etwas ganz Speziellem Ausschau halten. Er wusste ja, dass Blohfeld ein Auge für Details hatte. Sollte der alte Windhund auf etwas Verdächtiges gestoßen sein? Tatsächlich hielt der Reporter wenig später inne. »Na, sieh einer an!« Auch Paul machte jetzt große Augen, denn auf dem Bild erkannte er den jungen Schläger wieder! Hier wirkte er allerdings ganz zahm und sanft. Er hielt die Hand der Hopfenkönigin und himmelte sie an. Das sah nach einem frisch verliebten Paar aus. War er ihr Freund?

Aufmerksamer betrachteten Blohfeld und Paul nun auch die restlichen Aufnahmen. Paul ahnte bereits, dass er nicht einfach nur den Temperamentsausbruch eines alkoholisierten Studenten miterlebt hatte, sondern dass der Attacke konkrete Gründe zugrunde lagen. Und zwar nicht unbedingt politische.

Tatsächlich fand sich sehr bald nicht nur die Erklärung, warum der junge Mann so ausgeflippt war, auch Wörners übermäßiges Interesse an Pauls Bildern wurde verständlich.

Es war ein harmloser, ungezielter Schnappschuss in die Menge. Im Vordergrund sah man fröhliche Menschen, die mit Bierkrügen anstießen. Im Hintergrund aber, halb verdeckt durch einen Bretterverschlag und ein Gebüsch, ein eng umschlungenes Paar: Von ihr war der Ärmel eines samtroten Kleides zu sehen, von ihm die jägergrüne Trachtenjacke ...

Urrädla
Fränkische Süßspeise zur Kärwa

Dazu passt: Bier, Wein, Heißgetränke
Für 4 Personen
Schwierigkeitsgrad: leicht
Zubereitungszeit: 20 Minuten

350 g Mehl
50 g Butter
4 Eigelb
2 EL Zwetschgenwasser
1 EL Zucker
8 EL Sauerrahm
Prise Salz
300 g Butterschmalz
50 g Puderzucker

Mehl, Butter, Eigelb, Zwetschgenwasser, Zucker, Sauerrahm und Salz in einer Schüssel zu einem festen Teig verkneten. Den Teig in acht gleich große Stücke teilen. Diese zu Kugeln formen und auf der Arbeitsfläche tellergroß dünn ausrollen.

Das Butterschmalz in einer hohen Pfanne stark erhitzen. Einen Fladen vorsichtig in das heiße Fett legen und mit einem Kochlöffel vom Rand her schwimmend zusammenschieben. Herausnehmen und auf einem sauberen Küchentuch oder Küchenpapier kurz abtropfen lassen. Die restlichen Fladen ebenso ausbacken. Die Urrädla mit Puderzucker bestreuen und noch heiß servieren.

Das Oberklassenmodell

Die Edellimousine war auf Hochglanz poliert, und Nürnbergs High Society drängte sich um das neue Flaggschiff der renommierten Automarke. Paul Flemming, der im Auftrag einer Nürnberger Boulevardzeitung als Fotograf an der exklusiven Gala teilnehmen durfte, hatte im Laufe des Abends so ziemlich jeden wichtigen Kopf Mittelfrankens abgelichtet. Vom Landtagsabgeordneten bis zum Bürgermeister, vom Baumogul bis zum Versandhauschef, von der Nobelboutiquen-Inhaberin bis zum Prominentengastwirt. Und auf dem weichen, weißen Leder im Fond des Luxusschlittens ließ sich die frisch gekürte Miss Franken nieder und zog kokett ihre superschlanken Beine an.

Paul, der derlei VIP-Firlefanz eher ermüdend als anregend fand, versüßte sich seinen Job, indem er den fleißig herumschwirrenden Kellnern mal ein mit Karpfencreme gefülltes Waffelhörnchen und mal einen Holzspieß mit marinierten Flusskrebschen – »Garantiert aus fränkischen Gewässern« – abnahm. Und auch sonst hatte die Küche etliche regionale Schmankerl in fantasievollen Abwandlungen zu bieten, etwa die köstlichen Franconiadas.

Nachdem der Niederlassungs- und der Bezirksleiter abwechselnd die Vorzüge des fabrikneuen Oberklassenmodells gepriesen hatten und Paul sich an der erfrischend ungezwungenen Einlage einer in Lackrot gekleideten Jazzpianistin erfreut hatte, wurde ein weiterer Redner ans Mikrofon gebeten. Wolfram Herder war durch seine Präsidialarbeit beim 1. FC Nürnberg bekannt und saß zugleich im Vorstand eines großen Kühlgeräteherstellers. Als Festredner des heutigen Abends qualifizierte er sich lediglich dadurch, dass er bereits mehrere Vorgängermodelle des Luxusschlittens gefahren hatte.

Teils neugierig, teils schon jetzt gelangweilt wartete das Publikum auf Herders Ansprache. Paul stellte sich für seine

Fotos in Positur und machte sich auf einen weiteren Rede-schwall voller Superlative über das PS- und Komfortwunder gefasst. Doch es kam anders:

»Nicht ich werde in erster Linie von den vielen technischen Innovationen profitieren, sondern meine Frau«, begann Herder unerwartet.

Paul reagierte sofort und schwenkte sein Objektiv in Richtung der Zuhörer. Er lichtete eine zierliche Blondine ab, die rosa Wangen bekam und geschmeichelt lächelte.

Herder nickte breit grinsend in ihre Richtung. »Ja, meine Frau wird die eigentliche Nutznießerin sein, denn das Auto zeigt die jeweilige Geschwindigkeit nicht nur am Tachome-ter an, sondern projiziert sie auf die Windschutzscheibe, und für die besonders Begriffsstutzigen sagt es das Tempo sogar an. Dies lässt mich hoffen, dass mir nach den gelegentlichen Spritztouren meiner Gattin künftig nicht mehr so viele Straf-zettel ins Haus flattern.«

Ein erheitertes Raunen ging durchs Publikum. Paul sah sich noch einmal nach Frau Herder um – ihr Lächeln war gefroren.

»Auch der neue, narrensichere Startknopf ist ein großer Fortschritt, speziell für Fahrerinnen wie meine Frau, denn bisher hat sie die Zündung meistens mit der Scheibenwisch-anlage verwechselt. Und fragen Sie mich nicht, wie man das schafft – frau kann es.«

Dröhnendes Gelächter kam von einer Gruppe Männer, die sich bereits an der Bar einquartiert hatte. Die übrigen Zuhö-rer beließen es diesmal bei höflichem Zwischenapplaus. Pauls Blick wanderte wieder zur Frau des Redners. Ihre Lippen bil-deten jetzt einen schmalen Strich. Die Farbe war gänzlich aus ihren Wangen gewichen.

»Am sinnvollsten wäre es ohnehin, wenn die Entwick-ler auf Schalter und Hebel möglichst verzichten würden«, redete Herder gut gelaunt weiter. »Denn meine Frau drückt so viele falsche Tasten, dass die Batterie leer ist, bevor es richtig losgeht. Dadurch haben wir den hervorragenden Kundenservice Ihres Mobilitätsdienstes schon oft in Anspruch nehmen können – ich hoffe nur, meine Frau hat es nicht wegen der adretten jungen Mechaniker bewusst darauf angelegt!«

Die Männer an der Bar klopften sich laut lachend auf die Schenkel. Im übrigen Publikum wurde es zusehends stiller. Betretenes Schweigen machte sich breit. Paul beobachtete, wie Frau Herder aufstand und sich aus der ersten Reihe zurückzog.

»Und nicht zu vergessen«, fuhr Herr Herder amüsiert fort, »ein großes Lob gebührt den Erfindern der automatischen Schließ- und Öffnungsvorrichtung des Kofferraumdeckels! Das wird es meiner lieben Gattin zukünftig ungemein erleichtern, beim Hantieren mit ihren Schuhkartons und Kleidertaschen den Lack nicht mehr zu zerkratzen.«

Paul hatte Frau Herder jetzt aus den Augen verloren. Herder selbst schien das Verschwinden seiner Gattin nicht weiter zu stören. Er gefiel sich ganz offensichtlich prächtig in seiner Rolle des elitären Machosprücheklopfers, bis endlich der Niederlassungsleiter auf die Bühne trat und den Redner mit freundlichem Druck vom Rednerpult drängte.

Die versammelte feine Gesellschaft wandte sich daraufhin wieder den Häppchen und Getränken zu, bevor die meisten langsam den Heimweg antraten. Paul schoss noch ein paar abschließende Bilder und verließ dann ebenfalls den Saal. Er freute sich bereits auf einen gemütlichen Feierabend mit Bier zu Hause vorm Fernseher.

Draußen auf dem Parkplatz fielen ihm sofort die Hektik und die seltsame, geradezu panische Stimmung auf. Die Leute liefen wild durcheinander, einige telefonierten in heller Aufregung. Die Unruhe konzentrierte sich auf einen großen dunkelgrauen Wagen, der offenbar rückwärts gegen eine Wand gesetzt worden war. Das Heck war gestaucht und völlig verbeult.

»Es ist furchtbar!«, hörte Paul eine Augenzeugin des Unfalls rufen. »Herr Herder stand hinter dem Auto und wollte seine

Frau aus der Parklücke dirigieren«, erklärte sie den Umstehenden mit hysterischem Beben in der Stimme. »Doch dann hat sie wohl den Vorwärts- mit dem Rückwärtsgang verwechselt.«

Paul bewahrte die Ruhe, als er sich am Unfallort umsah. Im Hintergrund waren bereits die Martinshörner der nahenden Rettungskräfte zu hören, während er die Details des Unfallortes fotografierte: Der Motor des Unglückswagens lief inzwischen nicht mehr, aber der Rückwärtsgang des Automatikgetriebes war noch eingelegt.

Ein bedauerlicher Unfall. Der Vorsatz würde Frau Herder nach diesem Abend schwerlich nachzuweisen sein, dachte Paul, während sich ein rotes Rinnsal seinen Weg unter dem Heck des Wagens hervor bahnte. Es gab über dreihundert Zeugen, die aussagen würden, was für eine miserable Autofahrerin die Witwe und Erbin des verunglückten Herrn Herder war. Und die bierselige Truppe von der Bar wäre vor Gericht wahrscheinlich am glaubwürdigsten.

Franconiadas (Krauttaschen)
Zwischenmahlzeit oder Hauptgericht

Dazu passt: kräftiger Rotwein, Bier
Für 4 Personen
Schwierigkeitsgrad: leicht
Zubereitungszeit: 60 Minuten

Für die Füllung:
200 g durchwachsener Speck
250 g Sauerkraut
200 ml Crème fraîche
20 g Weißwein
1 Ei
Kümmel, Salz, Pfeffer
1 Prise Zucker

Für den Teig:
400 g Mehl
8 EL Olivenöl
1 TL Backpulver
150 ml lauwarme Milch
1 TL Salz
1 Eigelb

Den Speck fein würfeln und in einer kleinen Pfanne auslassen. Das Sauerkraut in einem Sieb abtropfen lassen. Speck, Sauerkraut, Crème fraîche, Weißwein und Ei in einer Schüssel gut vermengen. Mit Kümmel, Salz, Pfeffer und einer Prise Zucker abschmecken.

Mehl, Öl, Backpulver und lauwarme Milch zu einem geschmeidigen Teig verkneten. Aus dem Teig 8 Teigkugeln formen.

Diese auf der Arbeitsfläche dünn zu Kreisen (ca. 15 cm Ø) ausrollen.

Die Krautfüllung mit einem Esslöffel mittig auf die Teigkreise setzen. Die Kreise zu Halbmonden zusammenklappen und mit den Fingern am Rand festdrücken. Die Teigtaschen mit einer Gabel mehrmals vorsichtig einstechen und mit Eigelb bestreichen. Im vorgeheizten Backofen bei 180 °C in ca. 20 Minuten goldbraun backen.

Die Dame im Cocktailkleid

Paul Flemming hatte sich während des gesamten Vortrags über »Die Gesellschaft im Wandel«, den Staatssekretär Dr. Prechtl im großen Marktvorstehersaal der Nürnberger Industrie- und Handelskammer gehalten hatte, gelangweilt.

Dr. Martin Prechtl war mit seinen neununddreißig Jahren ungewöhnlich jung für einen bayerischen Politiker, der kurz vor dem Aufstieg in das Amt des Innenministers stand. Seine steile Karriere, vom Vorsitzenden der Jungen Union in seiner Heimatstadt Nürnberg bis in die erste Garde der Partei, hatte sich der zweifache Familienvater mit seinem konsequent konservativen Auftreten und energischen Postulaten in Dingen der Innenpolitik erkämpft. »Der Staat muss Zähne bekommen, damit er zubeißen kann«, war seine Maxime, mit der er sich außerhalb des konservativen Lagers nicht nur Freunde gemacht hatte. Die linksliberale Presse kritisierte ihn, in Studentenkreisen wurde er als rechte Gefahr gegeißelt, radikale Hitzköpfe verteufelten ihn unisono. Erste anonyme Drohungen waren bereits in der Öffentlichkeit bekannt geworden. Schon vor einiger Zeit hatte er deshalb Personenschutz beantragt. Aber der stand ihm erst zu, wenn er als Minister tatsächlich in Amt und Würden war.

Für Paul wurde es erst mit dem üblichen Händeschütteln im Anschluss an den Vortrag interessant. Die Gruppe von Schmeichlern und Bittstellern, die den Staatssekretär nach jedem öffentlichen Auftritt umlagerte, war heute besonders vielversprechend. Eine junge Dame hatte es augenscheinlich darauf angelegt aufzufallen. Ihr rotes Cocktailkleid stach aus dem obligatorischen Schwarz und Grau der vielen Anzüge und Kostüme heraus. Paul hatte das Gefühl, dass er sich schon bald nicht mehr zu langweilen brauchte.

Die Dame im Cocktailkleid wartete, bis sich die Reihen um Prechtl lichteten. Dann ging sie direkt auf ihn zu. Paul konnte sich zwar nicht unsichtbar machen, aber er gab sein Möglichstes, um sich in nächster Nähe zu postieren und dennoch nicht ins Blickfeld zu geraten.

»Ihre Rede war mitreißend. Ihre Ideen sind so innovativ, so richtungsweisend ...«, schwärmte sie mit einer Stimme, die eine Spur zu rau klang für eine Frau mit einer so zierlichen Figur. »Ich lese jeden Zeitungsartikel und Kommentar von Ihnen, der mir in die Finger kommt. Das ist für mein Studium sehr hilfreich.«

»Danke«, sagte Prechtl mit gesuchter Bescheidenheit und musterte verstohlen ihre verführerisch roten Lippen. Paul fragte sich, was wohl im Kopf des Politikers vorgehen mochte, der zuerst auf die Uhr blickte und sich dann dezent in dem nun zügig leerer werdenden Saal umsah. Die Presse war bereits gegangen. Paul, der im Schatten einer Säule stand, schien er nicht zu bemerken.

»Darf ich Sie zu einem Glas Wein einladen?«, hörte Paul Prechtl leise fragen. Er sah der jungen Dame dabei sehr tief in die Augen. »Ich kenne einen Italiener ganz in der Nähe, in der Sebalder Altstadt. Der würde für uns sicher ein intimes Eckchen finden.«

»Sehr gern – ich bin eine Ihrer größten Bewunderinnen und würde Sie gern näher kennenlernen...«

Paul folgte dem Paar unauffällig, so etwas konnte er sich unmöglich entgehen lassen. Draußen war es bereits dunkel, aber immer noch sommerlich warm. Prechtl sondierte noch einmal die Lage, wohl um sich zu vergewissern, dass wirklich niemand mehr in der Nähe war, und übersah Paul dabei abermals. Er legte seiner Begleiterin sachte den Arm um die Schultern.

Da die beiden keineswegs die Richtung eines Italieners in der Sebalder Altstadt einschlugen und Prechtl seine Begleitung zielstrebig durch verschwiegene Seitenwege und Gässchen führte, kam Paul sehr schnell der Gedanke, dass Prechtls Einladung nur ein Vorwand gewesen war. Er wollte die willige

Studentin aus dem Saal locken und hatte den Besuch beim Italiener nur vorgeschlagen, um etwaige Mithörer zu täuschen. Paul blieb den beiden daher erst recht auf den Fersen. Sie kamen schnell voran, was darauf schließen ließ, dass Prechtl diesen Schleichweg schon des Öfteren bei Dunkelheit genutzt hatte.

Ohne dass sie jemandem begegnet wären, erreichten sie wenig später ein kleines Hotel, von dem Paul sehr wohl wusste, dass es Zimmer auch stundenweise vermietete. Im Foyer suchte Prechtl für sich und seine Begleitung ein bequemes Sofa aus. Paul ließ sich in Sicht- und Hörweite auf einem Sessel nieder, der seitlich von dem Pärchen in einer kaum beleuchteten Nische stand.

»Champagner!«, orderte der Politiker, und seine Begleiterin lächelte, statt zu protestieren. Ein leichtes Spiel, folgerte Paul und hörte genauer hin.

Sie plauderte über sich und ihr Leben als Jurastudentin im fünften Semester, doch Prechtl interessierte sich augenscheinlich nicht im Geringsten dafür, was die Frau zu sagen hatte. Sie merkte das offensichtlich auch und lenkte das Gespräch geschickt zurück auf seine politische Arbeit. Es gefiel ihm sichtlich, ihren Schmeicheleien zuzuhören, doch dann erwähnte sie mitten im Redefluss ihren Freund. Sie biss sich auf die Lippen und versuchte sofort, ihren Lapsus zu korrigieren, indem sie den Genannten diskreditierte. Ihr Freund sei ein Andersdenkender, der mit den konservativen Werten hadere. Beinahe ein kleiner Revoluzzer, sagte sie voller Kummer.

Jetzt wird es interessant!, dachte Paul.

Prechtl sah seine Eroberung wenig begeistert an, worauf sie eilends wieder begann, von seinen Leistungen zu schwärmen. Ihre Lobeshymnen taten Prechtl gut. Sie prosteten sich zu: »Auf die Zukunft!«

Paul versuchte, sich in die Lage des Politikers zu versetzen. Was würde er an seiner Stelle selbst fühlen, denken und womöglich tun? In intimer Nähe zu einer begehrenswerten

Frau, ganz dicht vorm Ziel? Paul schloss die Augen. Er meinte, ihr nacktes Knie an seinem Bein zu spüren, und ihm wurde plötzlich ganz warm.

Rasch schlug Paul die Augen wieder auf. Das Pärchen knutschte bereits hemmungslos. Prechtl, in sichtlich wachsender Erregung, konnte offensichtlich nicht genug bekommen.

Doch musste ein Politiker von Prechtls Format nicht vorsichtiger sein, wenn sich ihm eine solche Frau einfach anbot?, fragte sich Paul. Mussten in seinem Kopf nicht längst die Alarmglocken schrillen, wie sie es bei Paul längst taten? Der Staatssekretär indes blieb locker und genoss die Situation, von Erregung und Champagner berauscht.

Prechtl beglich die Rechnung und verlangte nach einem Zimmer und der üblichen Diskretion. Letzteres unterstrich er damit, dass er dem Mann an der Rezeption einen Fünfzig-Euro-Schein über den Tresen schob. Paul hielt das auf einem ebenfalls diskret geschossenen Foto fest.

Beinahe geräuschlos glitten die Türen des Lifts hinter den beiden zu. Paul musste das Treppenhaus nehmen, um nicht aufzufallen. Was im Fahrstuhl vor sich ging, konnte er sich nur vage vorstellen. Er an Prechtls Stelle würde darauf verzichten, die Dame im Cocktailkleid zu berühren. Das würde er sich für später aufheben. Paul würde die Vorfreude auf das genießen, was gleich folgen würde. Er würde sich haarklein alles ausmalen, was er mit ihr anfangen würde, denn das war der beste Augenblick: wenn die Erfüllung der Erwartungen noch vor einem lag.

Der Lift brauchte lange bis in den fünften Stock. Paul, der trainierte Jogger, kam vor ihm an. Er hatte also viel Zeit zum Nachdenken – und ihn beschäftigte die Frage, ob die junge Frau tatsächlich so heiß auf den Staatssekretär war. Hatte sie Prechtl wirklich aus Bewunderung angesprochen oder war alles nur Kalkül? Eventuell ging es um eine Wette: »Kriege ich den künftigen Innenminister rum?« Paul wurde es ganz anders bei dem Gedanken, dass auch ihr subversiver Freund dahinter stecken konnte. Hatte er sie nur vorgeschickt? Ein abgekartetes Spiel?

Andererseits: Paul wusste ja, dass es den Typ Frau gab, der gern bekannte Persönlichkeiten verführte. Ja sicher, versuchte Paul seine paranoiden Gedanken zu verdrängen, es würde ein harmloser One-Night-Stand werden, wie Prechtl ihn wohl schon ein Dutzend Mal erlebt hatte. Und am nächsten Morgen würde ohnehin kein Hahn mehr danach krähen, denn der Politiker würde sich noch in der Nacht diskret zurückgezogen haben.

Der Fahrstuhl hatte sein Ziel erreicht und die Tür glitt auf. Die Dame im Cocktailkleid warf ihrem Begleiter einen schmachtenden Blick zu. Ein laszives Lächeln huschte über ihr Gesicht, ihre feurigen Augen flackerten begierig.

Paul, geschützt hinter einem Mauervorsprung, beobachtete das Paar und kam sich dabei vor wie ein Spanner. Prechtl packte die Frau leidenschaftlich am Arm, schob sie in Richtung des Hotelzimmers. Er wollte endlich zur Tat schreiten.

Paul aber dachte wieder an den Freund der Jurastudentin: Prechtls Klassenfeind! Die ganze Situation roch förmlich nach einer Falle! Durch eine ungeschickte Bewegung stieß er gegen einen Pflanzenkübel. Zwar verursachte er damit nur ein leises Geräusch, aber es reichte offenbar, um das Liebespaar in seinem Elan zu bremsen.

»Nein! ...« Prechtl stieß sich plötzlich von der Frau ab. »Nicht so schnell!«

»Was?« Die Dame im Cocktailkleid blickte ihn mit bebenden Lippen ungeduldig an. »Komm her zu mir!« Sie machte Anstalten, ihr Kleid zu öffnen. Mitten auf dem Flur.

Paul, der sich nach wie vor im Schatten verborgen hielt, musste sich entscheiden, ob er wegschauen oder Fotos machen sollte, entschied sich aber für Letzteres. Er setzte seine Kamera ans Auge, fokussierte das Paar, drückte den Auslöser – und schrak gleich darauf zurück. Ein Lichtreflex hatte ihn geblendet. Er war von einem Fenster auf der gegenüberliegenden Straßenseite gekommen.

»Nein!« Prechtl hatte sich wieder von seiner stürmischen Verehrerin gelöst und wedelte abwehrend mit beiden Händen. »Nicht hier. Nicht jetzt.« Er entfernte sich rückwärts. Ihm war wohl endlich bewusst geworden, dass ihn diese junge Frau nur benutzen wollte. Ja, dachte Paul, es musste Prechtl allmählich dämmern, dass mit ihr etwas nicht stimmte, dass sie vermutlich im Auftrag ihres Freundes handelte, dessen einziges Ziel es war, Prechtl zu diskreditieren! Wahrscheinlich wartete im Treppenhaus bereits ein Rudel Reporter von der Konkurrenz. Oder – Paul dachte an die Reflektion – ein Fotograf lauerte im Haus gegenüber.

»Komm doch zurück«, säuselte die Dame im Cocktailkleid. »Bitte.«

»Die Sache ist mir zu heiß.« Prechtl entfernte sich Schritt für Schritt von ihr. »Ich kann niemandem vertrauen. Du musst das verstehen.« Er hatte das Ende des Flurs fast erreicht, stand jetzt direkt vor dem Fenster.

Plötzlich hörte Paul ein Klirren von zersplitterndem Glas.

Prechtl begann nach Luft zu ringen. Als sich die Dame im Cocktailkleid beide Hände vor den Mund presste und Prechtl aus entsetzten Augen anstarrte, blickte Paul ebenfalls auf den Politiker und bemerkte verwirrt einen roten Fleck auf Prechtls Hemd, der schnell größer wurde.

Erst bei einem erneuten Klirren realisierte Paul vollständig, was vor sich ging. Die zweite Kugel traf Prechtl knapp unterhalb des linken Schulterblatts und hinterließ beim Austritt ein weiteres Loch in der Vorderseite des Hemds. Prechtl schaffte es gerade noch, sich umzudrehen, und starrte ungläubig auf die beiden Einschusslöcher im Flurfenster. Irgendwo dort draußen in der Dunkelheit hatte sein Mörder ihm aufgelauert.

Mit gebrochenem Blick wandte er sich um, sah der Dame im Cocktailkleid noch einmal in die schreckgeweiteten Augen und sackte kraftlos in sich zusammen.

Als Paul die Fotos dieser Nacht später mit Katinka für die staatsanwaltschaftlichen Ermittlungen auswertete, war der Schütze bereits identifiziert – er hatte weder geleugnet noch sich der Verhaftung widersetzt. Es handelte sich wider Erwarten nicht um den Freund der schönen Unbekannten, sondern um die Ehefrau des Opfers: Frau Prechtl, die dem Leben als Frau des Innenministers den Witwenstand vorgezogen hatte ...

Karpfen-Kräuter-Crêpes
Leichte fränkische Sommerküche, Haupt- oder Zwischengang

Dazu passt: Riesling
Für 4 Personen
Schwierigkeitsgrad: mittel
Zubereitungszeit: 30 Minuten

Für die Crêpes:
75 g Mehl
150 ml Milch
1 Ei
Salz
einige Zweige frische Petersilie, Thymian und Majoran
1 EL Öl

Für die Füllung:
150 g geräuchertes Karpfenfilet
2 TL Kapern
200 ml Sahne
Salz, Pfeffer
1 Spritzer Zitronensaft

Für den Salat:
4 Tomaten
1/2 Schalotte
2 Bauerngurken
200 g Joghurt
2 EL Crème fraîche
frisch gehackter Dill
Salz, Pfeffer
Zitronensaft

Mehl, Milch, Ei und etwas Salz zu einem glatten Teig verrühren. Die Kräuter waschen, trocken tupfen und fein hacken. In den Teig rühren. Den Teig 10 Minuten ruhen lassen.

Inzwischen für die Füllung das Karpfenfilet mit 1 TL Kapern fein pürieren. Die Sahne steif schlagen. Das Karpfenpüree und die restlichen Kapern unterheben. Die Masse mit Salz, Pfeffer und Zitronensaft abschmecken und kalt stellen.

Etwas Öl in einer Pfanne erhitzen. Ein Viertel des Teigs mit einer kleinen Schöpfkelle kreisförmig von innen nach außen dünn in die erhitzte Pfanne laufen lassen. Sobald der Teig fest wird, wenden und von der zweiten Seite goldbraun backen. Aus der Pfanne nehmen. Die restlichen Crêpes ebenso backen und abkühlen lassen.

Die Karpfenmasse mit einem Esslöffel gleichmäßig auf den Crêpes verstreichen. Dabei etwa 2 cm Rand lassen. Anschließend aufrollen und kurz ins Gefrierfach legen.

Für den Salat die Tomaten waschen und in dünne Spalten schneiden. Schalotte schälen und fein würfeln. Gurken waschen, halbieren und längs in dünne Streifen schneiden. Joghurt und Crème fraîche verrühren, mit Dill, Salz, Pfeffer und Zitronensaft abschmecken. Das Dressing über den Salat träufeln.

Die Karpfen-Kräuter-Crêpes aus dem Gefrierfach nehmen und diagonal halbieren. Mit dem Salat anrichten.

Bloody Franca
Cocktail

Für 1 Person
Schwierigkeitsgrad: leicht
Zubereitungszeit: 2 Minuten

15 cl Tomatensaft
2 EL Crushed Ice
5 cl Bierschnaps
1 cl Zitronensaft
1/2 TL geriebener Meerrettich
Tabasco
Pfeffer, Salz
1 Selleriestange

Die fränkische Version einer Bloody Mary:

Tomatensaft, Crushed Ice, Bierschnaps, Zitronensaft und Meerrettich in einem Shaker mixen.

Den Cocktail mit etwas Tabasco, Pfeffer und Salz abschmecken und in ein gekühltes Longdrinkglas füllen. Mit der Selleriestange zum Umrühren servieren.

Das Haar in der Suppe

Jan-Patrick tischte auf: Einem frischen Wiesenkräutersalat folgten Bachsaiblingfilets auf Gemüsebett und Rosmarinkartoffeln.

»Mmmm. Formidable, mein Lieber!« Paul Flemming schlemmte wonnevoll, teils sogar mit geschlossenen Augen, um sich ganz auf den kulinarischen Genuss konzentrieren zu können. »Köstlich«, murmelte er, »einfach köstlich.« Doch aus unerfindlichen Gründen brachte sein Lieblingskoch heute nicht den für ihn typischen Elan mit. Seine gemeinhin südländische Lebensfreude war einer fränkischen Griesgrämigkeit gewichen, die dem quirligen Gastwirt gar nicht gut anstand. »Was ist denn los?«, erkundigte sich Paul, als Jan-Patrick das Dessert servierte: Geeiste Weizenbiercreme mit karamellisierten Bananen – gewöhnungsbedürftig, dann aber wahnsinnig lecker! »Du wirkst niedergeschlagen.«

Der Küchenmeister warf Paul einen düsteren Blick zu, seufzte deutlich vernehmbar und setzte sich schließlich mit schlaffen Schultern zu ihm an den rustikalen Eichentisch in der gemütlichen Erkernische des beliebten Altstadtlokals. »Ich habe Kummer«, gestand Jan-Patrick ein. »Großen Kummer.«

»Hast du Krach mit Marlen?«, vermutete Paul zunächst das Naheliegende. Seit die Kellnerin und ihr Chef ein Paar waren, war die Liebe zwar groß, aber ebenso leidenschaftlich flogen die Fetzen, denn die beiden Hitzköpfe nahmen sich nichts in ihrem Temperament.

Der Koch aber winkte ab. »Nein, nein. Es geht um einen Stammgast, noch dazu um ein recht hohes Tier.«

»Was ist denn mit ihm?«, wollte Paul wissen.

Erst zögernd, dann immer mitteilsamer schilderte Jan-Patrick seine Probleme mit Dr. Heribert Gerstner, einem angesehenen Nürnberger Notar, der seit Jahr und Tag im *Goldenen Ritter* ein- und ausging, um dort seine Mittagspause bei einem exquisiten Businesslunch zu verbringen. Stets hatte Dr. Gerstner à la Carte geschlemmt, ohne dabei allzu genau auf den Preis zu schauen, und er war auch beim Trinkgeld nie knauserig. Doch dann änderte sich sein Verhalten von einem Tag auf den anderen. Die beständige Zufriedenheit des Gastes wich einer ebenso hartnäckigen Nörgelei:»Mal ist ihm die Gemüseplatte zu kalt, mal ein Sößchen versalzen, und einmal fand er doch angeblich eine Gräte im Fischfilet!«, entrüstete sich Jan-Patrick.

»Mmmm.« Paul kaute nachdenklich auf einem Zahnstocher.»Das hört sich sehr nach dem sprichwörtlichen Haar in der Suppe an. Ich nehme an, der Herr sträubt sich seitdem zu zahlen?«

»So ist es«, meinte Jan-Patrick niedergeschlagen. »Jedes zweite Gericht lässt er zurückgehen und verweigert die Rechnung. Aber natürlich erst, wenn er sich bereits satt gegessen hat. Da ich mir meinen Ruf nicht ruinieren möchte, muss ich leider gute Miene zum bösen Spiel machen und mich darauf einlassen.«

»Bei deinen gepfefferten Preisen dürfte der Kulanzschaden ziemlich hoch ausfallen«, überschlug Paul grob die seinem Freund entgangene Summe.

»Von wegen gepfeffert! Qualität hat nun mal ihren Preis«, rechtfertigte sich der Küchenmeister.

Paul sah sich in der gut besuchten Gaststube um. Dabei fiel sein Blick auf einen seriös wirkenden, gut gekleideten Herrn Mitte fünfzig mit grauem Haarkranz und kleinen, dicht zusammenstehenden Augen, die von einer schlichten, aber teuer aussehendenden Designerbrille eingerahmt wurden. »Ist er das?«, fragte Paul. »Der Herr am Tisch neben der Treppe: Dr. Gerstner, oder?«

Jan-Patrick bestätigte:»Ja. Ich sehe schon an seiner miesepetrigen Miene, dass er wieder nicht zufrieden ist.« Tatsächlich musterte der Notar missbilligend seinen halb geleerten Teller und stocherte mit der Gabel in der Gemüsebeilage herum.

Paul war verärgert über dieses geringschätzige Verhalten des Gastes, zumal Jan-Patrick seine Gerichte wirklich mit Leidenschaft und Können zubereitete. »Was isst er denn am liebsten?«, erkundigte sich Paul.

»Fisch – ausgerechnet das Teuerste auf meiner Karte«, sagte Jan-Patrick der Verzweiflung nahe. »Heute hat er sich den Bachsaibling kommen lassen – und sag selbst, ist der denn nicht ein Gedicht?«

»Das ist er«, versicherte Paul. »Nur scheint Gerstner das anders zu sehen. Aber warte kurz – ich habe da eine Idee.« Mit ausladenden Schritten ging Paul durch das Lokal. Er ließ seine Kamera auffällig von seiner Schulter baumeln, als er sich unaufgefordert an den Tisch von Dr. Gerstner setzte. »Gestatten? Mein Name ist Flemming, Paul Flemming.«

Der Notar blickte von seinem Teller auf und musterte Paul argwöhnisch. »Sind Sie nicht dieser Zeitungsfotograf?«

»Sie sagen es.« Paul grinste ihn breit an. »Ich arbeite gerade an einer ganz besonders vielversprechenden Story. Herr Dr. Gerstner, Sie nehmen ja in Nürnberg eine wichtige Stellung ein und haben viele Verbindungen. Vielleicht hätten Sie Interesse, mir zu helfen?«

In die Luchsaugen seines Gegenübers trat ein Funkeln. »Sie machen mich neugierig«, sagte Gerstner nun schon deutlich aufgeschlossener. Paul sah ihm an, wie sehr er nach Publicity gierte. »Um was geht es denn bei Ihrer Story?«, fragte Gerstner mit kaum verhohlener Erwartung.

»Um Zechprellerei«, antwortete Paul und blickte den Notar dabei offen an. »Wissen Sie, es soll da ja ganz raffinierte Tricks geben. Selbst hochgestellte Persönlichkeiten, die es eigentlich gar nicht nötig hätten, sind sich nicht zu schade dafür.« Gerstners Miene verfinsterte sich augenblicklich. Doch Paul setzte noch einen drauf: »Der Saibling scheint Ihnen ja geschmeckt zu haben«, sagte er und deutete auf den Teller. »Viel ist nicht übrig. Aber die letzten beiden Happen – ist etwas nicht in Ordnung damit? Wollen Sie sich etwa beschweren?«

Der Notar ließ die Gabel fallen und lief rot an. Eine wirre Entschuldigung stammelnd, verließ er den Tisch, verlangte an der Theke nach der Rechnung und ging.

»O Wunder«, sagte Jan-Patrick, als Paul zurückgekehrt war. »Gerstner hat gezahlt. Wie hast du das denn fertiggebracht?«

»Offenbar kann er seit der Wirtschaftskrise seine Spesenrechnung nicht mehr so leicht geltend machen wie früher«, raunte Paul seinem Freund zu. »Da er aber wohl nicht bereit war, die Zeche aus eigener Tasche zu bezahlen, hat er eben versucht, dich übers Ohr zu hauen.« Er sah Jan-Patrick listig an: »Ich habe ihm einfach erzählt, dass du bei deinen Fischgerichten neuerdings mit dem japanischen Kugelfisch experimentierst, aber noch nicht ganz sicher beim Entfernen der giftigen Teile bist.«

Jan-Patricks Kinnlade klappte herunter. Dann aber fasste er sich und zwinkerte Paul zu: »Kugelfisch. – Eigentlich gar keine schlechte Idee ...«

Wiesenkräutersalat
Sommerlich leichtes Gericht

Dazu passt: leichter Weißwein
Für 4 Personen
Schwierigkeitsgrad: leicht
Zubereitungszeit: 20 Minuten

1 Kopfsalat
8 Radieschen
frische Kräuter (z.B. Wiesenkerbel, Spitzwegerich,
Brennnessel, Gänseblümchen, Sauerampfer, Bärlauch,
Löwenzahn, Lavendel, Salbei, Schnittlauch, Petersilie)
1 Schalotte
3 EL Weißweinessig
1 EL mittelscharfer Senf
Salz, Pfeffer
5 EL Wasser
1 TL Kleehonig
6 EL Weintraubenkernöl
150 g Sonnenblumenkerne

Äußere Blätter und Strunk des Kopfsalats entfernen. Die Salat-
blätter lösen, waschen und abtropfen lassen. Anschließend
in mundgerechte Stücke reißen. Die Radieschen ebenfalls
waschen und in dünne Scheiben schneiden. Beides mischen.

Die Kräuter unter fließendem Wasser kurz abspülen und trocken schütteln. Mit dem Wiegemesser fein hacken. Die Schalotte schälen und fein würfeln.

Essig, Senf, Salz, Pfeffer, Wasser und Honig mit dem Schnee-
besen schaumig schlagen. Das Weintraubenkernöl unter

Rühren zugeben, Kräuter und Schalottenwürfel unterziehen. Das Dressing über den Salat träufeln.

Die Sonnenblumenkerne in einer Pfanne ohne Fett leicht anrösten und über den Salat streuen.

Bachsaibling auf Gemüsebett und Rosmarinkartoffeln

Fränkische Fischspezialität

Dazu passt: Weißwein
Für 4 Personen
Schwierigkeitsgrad: anspruchsvoll
Zubereitungszeit: 60 Minuten

Für den Bachsaibling:
2 ausgenommene Bachsaiblinge à ca. 700 g (4 Filets)
Salz
40 g Mehl
2 EL Butter
4 Zitronenscheiben

Für den Fischfond:
Karkassen von den Saiblingen
1/2 Karotte, grob gehackt
1/4 Bund Petersilie
1/2 Zwiebel
30 g Salz
10 zerdrückte Pfefferkörner
2 l Wasser
2 EL Butter

Für die Rosmarinkartoffeln:
1 kg mittelgroße Kartoffeln
Salz
3 junge Rosmarinzweige, grob zerteilt

Für das Gemüsebett:
3 mittelgroße Karotten
2 Stangen Lauch

1 EL Butter
1/2 Bund Petersilie, gehackt
1 Knoblauchzehe, gehackt
Salz, Pfeffer, Zucker
150 ml Weißwein
300 ml Fischfond

Die Bachsaiblinge vom Fischhändler filetieren lassen. Alternativ den ausgenommenen Fisch mit der flachen Hand seitlich auf ein Schneidbrett pressen und mit einem scharfen Messer diagonal hinter dem Kopf einschneiden. Die Filets entlang der Rückengräte mit einem Schnitt vom Schwanz zum Kopf herauslösen. Eventuell verbliebene Gräten mit einer Pinzette entfernen. Die Filets vorsichtig von der Haut befreien.

Für den Fond Fischreste und Karkassen mit Karotte, Petersilie, Zwiebel, Salz und Pfefferkörnern, Wasser und Butter in einem Topf zum Kochen bringen. Bei schwacher Hitze ca. 30 Minuten ziehen lassen. Durch ein Sieb abgießen, den Fond auffangen.

Für die Rosmarinkartoffeln die Kartoffeln schälen und längs achteln. In Salzwasser bissfest garen.

In der Zwischenzeit für das Gemüsebett Karotten und Lauch waschen, putzen und in 1–2 mm dicke Streifen schneiden. In der Butter andünsten, Petersilie und Knoblauch zugeben. Das Gemüse glasig dünsten und mit Salz, Pfeffer und Zucker abschmecken. Mit Weißwein ablöschen. Den Fischfond zugießen und bei schwacher Hitze 10 Minuten ziehen lassen.

Die Saiblingfilets leicht salzen und mit Mehl bestäuben. In der nicht zu heißen Butter beidseitig goldbraun braten. Den Fisch aus der Pfanne nehmen und warm stellen. Die Kartoffeln abgießen und mit dem Rosmarin im Bratfett bei schwacher Hitze schwenken.

Das gedünstete Gemüse mit etwas Sud portionsweise auf Tellern anrichten. Die Filets darauflegen und mit den Rosmarinkartoffeln und je 1 Zitronenscheibe servieren.

Weizenbier-Creme
Dessert

Für 4 Personen
Schwierigkeitsgrad: leicht
Zubereitungszeit: 60 Minuten

4 Eier, getrennt
250 g Zucker
150 ml Weizenbier
1 TL Zitronensaft
6 Blatt Gelatine
250 ml Sahne

Für die Dekoration:
4 kleine Zweige Rosmarin
1 Eiweiß
2 EL Puderzucker

Eigelb und Zucker in einer Schüssel über dem heißen Wasserbad schaumig schlagen. Bier und Zitronensaft zufügen und unter Rühren kurz aufkochen. Vom Herd nehmen und abkühlen lassen.

Die Gelatine in kaltem Wasser einweichen. Sahne und Eiweiß getrennt steif schlagen. Zusammen mit der Biermasse in die aufgelöste Gelatine rühren. Die Creme portionsweise in Gläser füllen und ca. 2 Stunden kalt stellen.

Für die Dekoration die Rosmarinzweige kurz kalt abspülen und auf einem Küchentuch abtropfen lassen. Das Eiweiß schaumig, aber nicht steif schlagen. Die Rosmarinzweige darin wenden und rundum mit Puderzucker bestäuben. Auf ein mit Backpapier belegtes Backblech setzen. Die Rosmarinzweige im vorgeheizten Backofen bei 80 °C etwa 30 Minuten trocknen lassen.

Die eisgekühlte Weizenbier-Creme mit den kandierten Rosmarinzweigen dekorieren und servieren.

Eppeleins Sprung

Die Sonne stand hoch über der Nürnberger Kaiserburg. Paul Flemming hielt sich geblendet die Hand über die Augen und bewunderte die imposante Kulisse. Es war höllisch heiß, und er hoffte inständig, dass er nicht allzu lange auf seine Verabredung warten musste. Tatsächlich schlenderte sie keine Minute später auf ihn zu. Sie trug einen leichten Sommeranzug; der Sommerwind spielte mit ihrem langen blonden Haar.

»Hallo, Katinka!«, begrüßte Paul sie überschwänglich. »Wie ich sehe, bist du heute ohne Robe unterwegs.«

Die Oberstaatsanwältin hatte für ihn nur ein schwaches Lächeln übrig. »Warum musstest du mich ausgerechnet in der Mittagshitze hierher bitten? Soll das etwa romantisch sein?«

»Nein«, schmunzelte Paul. »Aber ich dachte mir, dass es dich vielleicht freuen würde, wenn du nach deiner Mittagspause mit einem gelösten Fall zurück ins Oberlandesgericht fahren könntest.«

Katinka Blohms leuchtend blaue Augen weiteten sich erstaunt. »Sprichst du etwa von dem Tod der jungen Frau am Stresemannplatz?«

Paul nickte bedächtig und kostete den Moment ihrer Überraschung aus. »Du kommst in dieser Sache nicht weiter, stimmt's?«

Katinka nickte gequält. »Die Fakten sind dürftig: Jessika Mertins, vierunddreißig, verheiratet, kinderlos, stürzt vom Balkon eines Mehrfamilienhauses aus dem vierten Stock in den Hinterhof. Zum Zeitpunkt des Unglücks ist sie allein. Darauf deutet die verschlossene Tür hin.« Die Oberstaatsanwältin sah Paul ratlos an. »Der Schlüssel steckt noch von innen, als die Polizei das Schloss aufbricht, um in die Wohnung zu gelangen; das spricht für einen Selbstmord. Es fehlt jedoch ein Abschiedsbrief. Also bleibt die Frage: Selbstmord oder Unfall. Wobei Letzteres bei der Höhe des Geländers sehr unwahrscheinlich ist.« Sie blinzelte nervös. »Ach ja, und ehe du fragst: Zeugen gibt es keine. Der Hinterhof war um diese Uhrzeit nicht belebt. Wir haben nicht einmal spielende Kinder aufgetrieben, die vielleicht etwas beobachtet haben könnten.«

»Ja, ich bin im Bilde. Ich habe ja die Tatortfotos für die Zeitung gemacht. Dabei ist mir der Schlüssel ebenfalls aufgefallen«, bestätigte Paul. Mit gesenkter Stimme fuhr er fort: »Ihr Ehemann war am Boden zerstört. Ich hatte echte Skrupel, ihn in seiner Trauer zu stören. Aber dann habe ich mich überwunden und jede Kleinigkeit in der Wohnung abgelichtet. Nur auf den Balkon wollten mich deine Freunde von der Spurensicherung nicht lassen. Deshalb sah ich mich gezwungen, ihn von einem benachbarten Balkon aus zu fotografieren – übrigens einem mit herrlich bepflanzten Blumenkästen.«

Katinka reagierte ziemlich genervt. »Paul, du lässt mich hier in der Sonne schwitzen und erzählst mir irgendetwas Belangloses von Blumentöpfen – komm bitte auf den Punkt!«

Die schwarzen Bögen seiner Augenbrauen hoben sich, als Paul, scheinbar gekränkt, die Stirn kräuselte. »Wenn es kein Selbstmord war – wovon wir beide ja ausgehen – muss der Mörder zur Tatzeit in der Wohnung gewesen sein.«

»Aber der Schlüssel ...«, hielt Katinka ihm entgegen.

» ... ist eine falsche Fährte, auf die uns der Mörder führen wollte.« Er lächelte seine Freundin gewinnend an: »Was meinst du, warum ich dich ausgerechnet zur Kaiserburg bestellt habe?«

Katinka sah sich suchend um. Sie standen unmittelbar an der steinernen Brüstung des mächtigen Burggrabens. Ihnen gegenüber erhob sich das trutzige Gemäuer der Burg. Katinka hob ahnungslos die Schultern.

»Du kennst doch Eppelein von Gailingen?«, fragte Paul lauernd.

»Sicher«, erwiderte Katinka, noch immer im Dunkeln tappend. »Eine der vielen schillernden Figuren der fränkischen Geschichte. Lebte im vierzehnten Jahrhundert, wenn mich nicht alles täuscht. War bekannt für seine abenteuerlichen Taten im Stil eines Barons von Münchhausen«, leierte sie wie eine gelangweilte Schülerin herunter.

»Das ist so weit korrekt«, bestätigte Paul. »Außerdem war er ein räuberischer Zeitgenosse und hatte so manchen Überfall auf unbescholtene Nürnberger Bürger auf dem Kerbholz. Bevor er 1381 bei Neumarkt in der Oberpfalz gefasst, gerädert und enthauptet wurde, waren ihm mehrere spektakuläre Fluchten gelungen. Am berühmtesten ist die Sage um seinen legendären Sprung.«

»Eppeleins Sprung«, stammelte Katinka, und man sah ihr an, wie der Groschen fiel. »Aber natürlich! Warum habe ich daran nicht gleich gedacht?«

»Der Sage nach jagte Eppelein von Gailingen, von seinen Häschern verfolgt, auf dem Rücken seines Pferdes durch die Höfe und Fluchten der Kaiserburg. Als er bereits so gut wie gestellt war, wagte er das Husarenstück und sprang mit seinem Pferd geradewegs über den Burggraben hinweg in die Freiheit.«

»Angeblich sieht man ja noch heute den Hufabdruck auf der Burgmauer«, sagte Katinka anerkennend und sah Paul direkt in seine dunklen Augen. »Rück schon raus damit: Was hast du auf deinen Fotos entdeckt?«

»Einen Abdruck natürlich«, sagte Paul mit gewisser Selbstzufriedenheit. »Eure Spurensicherung sollte sich mal die Blumenkästen des Nachbarbalkons vornehmen. Wie gesagt, der Balkon liegt direkt neben dem der Mertins. Für einen Eppelein-Sprung also gerade richtig. In einem der Blumenkästen findet ihr ein frisches, gut ausgeprägtes Schuhsohlenprofil. Es würde mich nicht wundern, wenn die Joggingschuhe des angeblich so traurigen Ehemanns ein identisches Profil aufweisen.«

Paul legte seinen Arm um Katinkas Schultern. »Und noch etwas«, sagte er, während er sie unmerklich in Richtung seines Lieblingslokals führte. »Unterhalte dich mal mit der Besitzerin

des Balkons. Eine ziemlich fesche Dame, bei der ein wankel-
mütiger Ehemann schwach werden könnte ...«

»Schwach werden? Soso.« Katinka lächelte Paul an. »Deine
Fotos sind übrigens hiermit als Beweismittel beschlagnahmt.
Dass du sie für deine anrüchigen Geschäfte mit Boulevardzei-
tungen verwendest, kannst du also vergessen.«

»Okay«, sagte Paul geknickt. »Aber dann zahlst du nachher
die Rechnung für unser Essen im *Goldenen Ritter*.«

Katinka kniff die Augen zusammen. »Erpresser. – Was
steht denn heute auf der Tageskarte?«

»Kräuterkrustenbraten mit Brezenknödeln und dazu ein
sommerlich leichter Weißwein«, verkündete Paul und zog sie
mit sich fort.

Kräuter-Krustenbraten mit Brezenknödeln
Fränkisches Hauptgericht

Dazu passt: Bier
Für 4 Personen
Schwierigkeitsgrad: leicht
Zubereitungszeit: 90 Minuten

Für den Krustenbraten:
1,5 kg Schweineschulter
3 EL Speiseöl
2–4 kleine Zweige Thymian
2–4 kleine Zweige Rosmarin
2 Knoblauchzehen, gehackt
Salz
5 schwarze Pfefferkörner
1 Bund Suppengemüse (Zwiebel, Lauch, Karotte, Sellerie, Petersilie)
1 TL Kümmel
250 ml dunkles Bier

Für die Brezenknödel:
5–8 Stück altbackenes Laugengebäck
400 ml lauwarme Milch
Salz, Pfeffer
Muskat
2 EL gehackte Petersilie
1/2 Zwiebel
20 g Butter
3 Eier
ca. 80 g Mehl

Die Schwarte der Schweineschulter rautenförmig einritzen. Dabei die weiße Fettschicht jedoch nicht bis zum Fleisch durchschneiden (evtl. vom Metzger machen lassen). Öl, Thymian, Rosmarin, Knoblauch, Salz und Pfefferkörner in einem Mörser oder mit der flachen Seite eines großen Küchenmessers auf einem Schneidebrett zu einer Paste zerdrücken.

Die Schweineschulter sorgfältig von allen Seiten mit der Kräuterpaste einreiben. Das Suppengemüse waschen, putzen und in 1 cm große Stücke schneiden. Das Fleisch mittig in einen großen Bräter legen und das Suppengemüse rundum verteilen. Mit dem Bier aufgießen. Im vorgeheizten Backofen bei maximal 180 °C 2–2 1/2 Stunden braten. Das Fleisch dabei alle 15–20 Minuten mit dem Bratensaft übergießen. Der Braten ist fertig, wenn beim Hineinstechen nur noch klarer Bratensaft austritt.

Währenddessen für die Knödel das Laugengebäck in kleine Stücke zupfen. Diese in der warmen Milch zusammen mit Salz, Pfeffer und Muskat einweichen lassen, bis die gesamte Milch aufgesogen ist. Petersilie waschen und trocken schütteln, Zwiebel schälen. Beides fein hacken und in der Butter bei schwacher Hitze andünsten. Brezenmasse, Zwiebelmix und Eier zu einer festen Masse verkneten. Bei Bedarf Mehl zugeben, bis die Masse handfest ist.

Aus der Masse mit angefeuchteten Händen kleine Knödel formen. Diese in siedendem, leicht gesalzenem Wasser ziehen lassen, bis sie an der Oberfläche schwimmen.

Den Krustenbraten in Scheiben schneiden und mit den Knödeln und der Soße portionsweise auf Tellern anrichten.

Apfelküchle in Bierteig
Fränkische Süßspeise

Dazu passt: Dessertwein
Für 4 Personen
Schwierigkeitsgrad: mittel
Zubereitungszeit: 30 Minuten

Für den Bierteig:
200 g Mehl
2 Eigelb
Prise Salz
1 EL Zucker
1 EL Vanillezucker
1 EL Speiseöl
170 ml helles Bier
2 Eiweiß

4 große Äpfel
1 EL Zitronensaft
500 g Butterschmalz zum Ausbacken
100 g Zucker
1 TL Zimt
250 ml Sahne
500 g Vanilleeis zum Servieren

Das Mehl in eine Schüssel sieben. Eigelb, Salz, Zucker, Vanillezucker und Öl untermischen und glatt rühren. Bier zugeben.
Den Teig nochmals glatt rühren und 10 Minuten quellen lassen.

In der Zwischenzeit die Äpfel schälen, das Kerngehäuse ausstechen und die Früchte in fingerdicke Scheiben schneiden.
Sofort mit Zitronensaft beträufeln.

Das Eiweiß steif schlagen und vorsichtig unter den Bierteig heben.

Das Butterschmalz in einer hohen Pfanne stark erhitzen. Die Apfelscheiben im Bierteig wenden und beidseitig im Butterschmalz goldgelb frittieren. Auf einem sauberen Küchentuch oder auf Küchenpapier abtropfen lassen.

Zucker und Zimt mischen und die noch warmen Apfelküchle darin wenden Die Sahne steif schlagen. Die Apfelküchle warm mit Vanilleeis und Schlagsahne servieren.

Klassik für einen Toten

Paul Flemming bestand darauf, sofort durchgelassen zu werden. Die Beamten, die die Wohnung im ersten Obergeschoss eines verwinkelten Altbaus in der Fürther Gustavstraße vor Unbefugten abschirmten, versuchten ihn wie üblich abzuwimmeln. Aber als er nicht aufhören wollte, ihnen mit seinem Presseausweis vor der Nase herumzufuchteln, und unermüdlich betonte, dass ihn keine Geringere als die leitende Oberstaatsanwältin an den Tatort bestellt habe, gaben sie schließlich nach und ließen ihn passieren.

Für Paul war es eine angenehme Erfahrung, dass es ausnahmsweise Katinka Blohm war, die ihn um Hilfe bat, und nicht, wie sonst, umgekehrt. Die Oberstaatsanwältin hatte ihn persönlich angerufen und ihn wegen seines Insiderwissens über die Beteiligten in einer Mordsache zur Unterstützung angefordert. Im Gegenzug – das hatte er ihr abgetrotzt – würde er der Erste sein, dem es gestattet wäre, exklusive Aufnahmen des Tatorts zu machen. Dafür nahm er sogar in Kauf, dass er sich zu ungünstiger Stunde herbemühen musste. Normalerweise würde er jetzt noch beim Frühstück sitzen, dachte Paul und unterdrückte ein Gähnen.

Als er eintrat, unterbrach Katinka ihr Gespräch mit einer Gruppe von uniformierten und zivilgekleideten Polizisten, strich sich das blonde Haar aus dem Gesicht und blickte missbilligend auf die Kamera, die an der Schulter des Fotografen baumelte. Sie seufzte. »Also gut, versprochen ist versprochen. Wir haben einen Deal.«

Paul verschaffte sich erst einmal einen Überblick. Ziemlich unordentlich war es in der Einzimmerwohnung des ehemaligen Schlagerproduzenten Winnie Windhorst: ein paar schäbige Möbel, eine Stereoanlage aus den Zeiten, als die bekannte Fürther HiFi- und Fernsehmarke noch Qualität »Made in Germany« bedeutete, und ein Bett, neben dem eine Leselampe stand. Auf dem zerwühlten, schmuddeligen Laken lag der Körper des fülligen Endfünfzigers – der tote Winnie Windhorst. Um seinen geröteten Hals spannte sich noch die spiralförmige Schnur eines altmodischen Telefons, der Mund des Toten stand weit offen, die Zunge hing grotesk verdreht heraus.

Trotz seiner Routine verursachte der abstoßende Anblick bei Paul einen Anflug von Übelkeit. Und obwohl ihm Windhorst zu Lebzeiten nie sympathisch gewesen war, wurde Paul nachdenklich, ja, er empfand sogar Mitleid für den Verstorbenen. In seiner Heimatstadt Fürth hatte sich der abgehalfterte Volksmusiker bis zuletzt aufgeführt wie ein Superstar und entsprechende Allüren gezeigt. Paul würde nie den Tag vergessen, an dem er Windhorst im Rahmen eines Promi-Golfturniers fotografieren sollte und dieser ihm die Schuld an einem verpatzten Abschlag gegeben hatte, weil ihn angeblich das Geräusch des Auslösers von Pauls Kamera irritiert habe. In Pauls Augen war Windhorst, gerade wegen seines selbstgefälligen Auftretens, stets ein zweitklassiger Barde mit drittklassigem Charakter geblieben. Aber nun, da er brutal stranguliert vor ihm lag, sah er ihm die Arroganz nach. Einen solchen Tod hatte niemand verdient.

Paul riss sich aus seiner Gefühlsduselei und hob die Kamera an. Sofort verwies die Oberstaatsanwältin ihn in seine Schranken. »Warte wenigstens, bis wir das Opfer abgedeckt haben. Danach kannst du meinetwegen deine Fotos schießen. Aber mach uns dabei bloß keine Spuren kaputt.« Dann erinnerte sie sich offenbar wieder, dass Paul auf ihren eigenen Wunsch hin am Tatort war. Sie sah sich verstohlen nach den Mitarbeitern der Polizei um und fragte leise: »Also, Paul, was kannst du mir hierzu sagen?«

»Erst einmal würde ich gerne wissen, warum du bei deinen Ermittlungen auf meine Hilfe zurückgreifst.«

»Du kanntest doch Windhorst und sein Umfeld, hattest sogar schon mal Ärger mit ihm. Kannst du mir etwas über einen gewissen Alexander Beck erzählen? Er war wahrscheinlich der Letzte, der ihn lebend gesehen hat.«

»Beck?«, fragte Paul erstaunt. »Ich dachte, Beck und Windhorst waren seit Jahren völlig verkracht? Angeblich hatte Beck doch jede Menge Material seines früheren Mentors gestohlen und damit Karriere bei Musikantenstadl & Co. gemacht.«

Katinka nickte nachdenklich. »Ja, so weit bin ich auch schon im Bilde. Aber wie ging es weiter?«

Paul kratzte sich am Kinn: »Soviel ich weiß, schob Windhorst dem einen Riegel vor, indem er ein Aufführungsverbot für die gemeinsamen Werke erwirkte. Becks Karriere war damit schlagartig beendet, weil er selbst offensichtlich kein Talent zum Komponieren besitzt. Mit allen Versuchen, seinen einstigen Partner umzustimmen, scheiterte er. Sogar zwei Gegenklagen verliefen im Sand.«

Ein tückisches Lächeln umspielte Katinkas Lippen: »Dann hat Beck ja offenbar seinen eigenen Weg gefunden, seine Interessen durchzusetzen.«

Paul sah sie fragend an: »Wie meinst du das? Glaubst du allen Ernstes, dass es Beck war, der ihn ...?«

Weiter kam Paul nicht, denn ein graumelierter Herr in sterilgrünem Overall, der neben der Leiche gekniet hatte, erhob sich und sagte: »Aufgrund der Restkörperwärme können wir den Eintritt des Todes auf den Zeitraum zwischen dreiundzwanzig und ein Uhr eingrenzen.«

Katinka sah den Arzt durchdringend an. »Sind Sie ganz sicher?« Der Mann erwiderte pikiert: »Meinen Sie, ich sauge mir das aus den Fingern? Ich bin immerhin Wissenschaftler.«

Katinka trat ein paar Schritte beiseite, und Paul bemerkte, dass ihr jegliche Farbe aus dem Gesicht gewichen war. Er sprach sie vorsichtig an. »Stimmt etwas nicht?«

Die Oberstaatsanwältin zog die Brauen zusammen. »Der Todeszeitpunkt macht meine ganze schöne Theorie zunichte!« Paul sah fasziniert in ihre hellblauen Augen, die unwillig blitzten. »Beck war gestern hier – aber zu früh. Es wäre perfekt gewesen: Windhorsts Erzfeind sucht ihn abends zuhause auf, es kommt zum Streit. Beck verliert nach all den Demütigungen der vergangenen Jahre die Nerven, bringt seinen Kontrahenten um und flieht. Aber«, wandte Katinka dann selbst ein, »nach den übereinstimmenden Zeugenaussagen verschiedener Nachbarn soll der Verstorbene noch das Licht eingeschaltet und ziemlich laut klassische Musik gehört haben, nachdem Beck gegangen war. Ja, du hast richtig gehört: Klassik. Ziemlich untypisch für einen Schlagerheini, oder? Wie dem auch sei, ein Zeuge ist diesem Beck so gegen zweiundzwanzig Uhr im Treppenhaus begegnet und hat mit ihm sogar ein paar Worte gewechselt. Und jetzt bestätigt auch noch der Gerichtsmediziner, dass der Tod frühestens gegen Mitternacht eingetreten ist. Es sieht also ziemlich schlecht aus für mich ...«

»... und gut für Alexander Beck«, folgerte Paul, »denn an ihn fallen nun die Rechte an den gemeinsamen Hits zurück, so dass er endlich wieder abkassieren kann.« Paul begann, seine Kamera einsatzbereit zu machen. Dabei stellte er fest, dass er dummerweise vergessen hatte, seinen Akku zu laden. »Mist!« Er machte sich auf die Suche nach einer Steckdose für sein Schnellladegerät. Dann stieß er einen leisen Pfiff aus.

Katinka sah ihn verwundert an, während er neben einer Steckdose an der Wand des Zimmers hockte. »Was ist denn los?«, fragte sie.

»Ich schätze, ich habe gerade etwas entdeckt, was deinen Hauptverdächtigen wieder ins Spiel bringt«, sagte Paul euphorisch. »Eine Zeitschaltuhr, an der die Leselampe und die Stereoanlage hängt.« Er sah Katinka fast übermütig an. »Und außerdem ...«

Katinka hatte es jetzt eilig, sich neben Paul hinzuknien. Gemeinsam sahen sie sich zunächst die Steckdosenleiste mit der Zeitschaltuhr an und blickten sich dann vieldeutig in die Augen. Katinka zwinkerte Paul zu, bevor sie mit behandschuhtem Zeigefinger ein drittes Stromkabel bis unter das Laken des Toten verfolgte.

»... eine Heizdecke«, vollendete sie Pauls Satz und legte eine unscheinbare Matte unter dem zerwühlten Laken frei.

Katinka ließ die Spurensicherung alles dokumentieren. Kaum hatten die Kollegen die trostlose Wohnung des verstummten Schlagerstars verlassen, schoss Paul mit den allerletzten Reserven seines Akkus die ihm versprochenen Fotos. Katinka hakte sich bei ihm unter, als sie endlich die Wohnung verließen: »Danke für deine Hilfe«, sagte sie warm.

»Früher oder später wärt ihr da auch selbst draufgekommen«, spielte Paul seinen Erfolg herunter. »Aber trotzdem: In einem Mordfall zu ermitteln macht hungrig. Wollen wir uns nach einer deftigen Brotzeit umsehen?«

Katinka lächelte ihm zu. »Gern. Ich habe da auch schon eine ganz bestimmte Vorstellung ...«

Nürnberger Gwerch
Traditionelle Brotzeit

Dazu passt: kräftiges Landbier
Für 4 Personen
Schwierigkeitsgrad: leicht
Zubereitungszeit: 20 Minuten

300 g Camembert
180 g weiche Butter
200 g geriebener Gouda
2 Eigelb
1 TL Kümmel
2 EL Paprikapulver
1 Gemüsezwiebel, gehackt

Zum Servieren:
1 Rettich
Salz
Paprikapulver
1 Zwiebel, in Ringe geschnitten
8 Scheiben frisches Bauernbrot

Den Camembert mit einer Gabel grob zerteilen. Butter, Gouda, Eigelb, Kümmel, Paprikapulver und Zwiebelwürfel zu einer glatten Masse zerdrücken. Aus der Masse 4 Kugeln formen und kalt stellen.

Zum Servieren den Rettich putzen und in dünne Scheiben schneiden. Die Scheiben salzen und etwas ziehen lassen. Die Käsekugeln auf einer Vesperplatte anrichten und mit etwas Paprikapulver bestäuben. Mit Rettich, Zwiebelringen und Bauernbrot servieren.

Fränkischer Zwiebelkuchen
Eigenständiges Gericht oder Zwischenmahlzeit

Dazu passt: Federweißer
1 Backblech ergibt ca. 6-8 Portionen
Schwierigkeitsgrad: leicht
Zubereitungszeit: 60 Minuten

Für den Hefeteig:
500 g Dinkelmehl (Type 630)
40 g frische Hefe
250 ml lauwarme Milch
40 g Zucker
80 g Butter oder Margarine
1 Eigelb
1/2 TL Salz

Für den Belag:
1 kg Zwiebeln
300 g Speck
200 g Crème fraîche
200 g Sauerrahm
4 Eier
Kümmel
Salz, Pfeffer

Alle Zutaten Zimmertemperatur annehmen lassen. Das Mehl fein auf eine saubere Arbeitsfläche sieben. In die Mitte eine Mulde drücken und die Hefe hineinbröseln. Zucker und die Milch zugeben. Vorsichtig vermengen und anschließend Butter, Eigelb und Salz unterkneten. Den Teig kräftig durchkneten, bis er geschmeidig ist. Dann abgedeckt an einem warmen Ort gehen lassen. Wenn er auf leichten Fingerdruck nachgibt und wieder in seine ursprüngliche Form springt, hat der Teig die richtige Gare. Nochmals kurz durchkneten.

Den Teig etwa fingerdick auf einem Backblech ausrollen, dabei einen 2 cm hohen Rand bilden. Den Boden mit einer Gabel gleichmäßig einstechen und nochmals kurz gehen lassen.

In der Zwischenzeit für den Belag die Zwiebeln schälen. Mit dem Speck grob würfeln. Den Speck in einer Pfanne auslassen. Zwiebeln zugeben und glasig dünsten, ohne dass sie Farbe annehmen. Vom Herd nehmen und etwas abkühlen lassen. Die Speckzwiebeln mit Crème fraîche, Sauerrahm, Eiern und Gewürzen in einer Schüssel gut verrühren. Die Mischung gleichmäßig auf dem Teig verteilen.

Den Zwiebelkuchen im vorgeheizten Backofen bei 180 °C in ca. 30 Minuten goldbraun backen. Herausnehmen, in Stücke schneiden und servieren.

Dieses traditionelle Herbstgericht ist speziell in Unterfranken eine Erntedankfest-Spezialität.

Liebesopfer

Das Mädchen war hinreißend. Ein Meer dunkler Haare, große, noch dunklere Augen. Sie trug ein weich fließendes Kleid, das sich an sie schmiegte wie eine zweite Haut.

Sie setzte sich auf den freien Stuhl gegenüber, klimperte mit ihren ziemlich langen Wimpern und lehnte sich zurück, so dass sich ihr ganzer schlanker Körper unter dem Hauch von Stoff abzeichnete.

Paul schluckte und ließ langsam seine Cappuccino-Tasse sinken. Er schaute sich etwas verunsichert unter den anderen Gästen um, die wie er die sommerlichen Temperaturen unter den Sonnenschirmen vor dem *Café Sebald* genossen. »Entschuldigung«, brachte er dann recht zögerlich hervor, »kennen wir uns?«

Statt zu antworten, atmete die schöne Fremde tief ein und wieder aus, wobei sich ihr Busen sanft hob und wieder senkte und unwillkürlich Pauls Aufmerksamkeit auf sich zog.

»Es tut mir ja sehr leid«, sagte er und musste erneut schlucken, »aber der Platz ist schon belegt.«

Die Unbekannte lächelte gelassen und streifte ihre silbern glitzernden Pumps ab. Ihre Zehennägel waren im gleichen Silberton lackiert. Paul erhaschte einen Blick auf ihre nackten Fersen und die formvollendeten Waden. Die Fremde öffnete eine winzige Handtasche, aus der prompt ein Lippenstift herauspurzelte. Als sich Paul danach bückte, streifte ihre Hand wie durch einen keineswegs zufälligen Zufall seine Hand.

Als Paul wieder den Kopf hob, bemerkte er Katinka, die gerade von der Toilette zurückkam, doch da war es bereits zu spät, um eine Erklärung zu versuchen. Katinka wandte sich abrupt ab und ging.

Ehe Paul eine Chance hatte, auf dieses neue Problem adäquat zu reagieren, sprach ihn die unbekannte Schöne an: »Na, wie wirke ich auf Sie?«

»Bitte?«, fragte er perplex.

Das Mädchen legte mit graziler Geste eine Visitenkarte auf den Bistrotisch. Darauf stand in verschnörkelter Schrift ein Name auf – natürlich – silbern glänzendem Grund. Darunter stand klein, aber deutlich lesbar die Berufsbezeichnung: »Model«.

»Es wäre schön, wenn Sie mich fotografieren würden«, sagte sie mit katzenhaftem Lächeln. »Ich brauche eine neue Demo-Mappe.«

Paul konnte Katinka an diesem Nachmittag nicht mehr erreichen. Weder auf dem Festnetz noch auf ihrem Handy. Auch am nächsten Tag herrschte Funkstille. Paul musste eine seltsame Feststellung machen: Er fühlte etwas gleichzeitig Fremdes wie Wohlbekanntes, ein Gefühl, das er nicht mehr gehabt hatte, seit er den Teenagerjahren entwachsen war. Doch es war noch von derselben intensiven Präsenz, wie er es in Erinnerung hatte: Bauchgrummeln, erhöhter Puls, ein Stechen im Herzen. Vor zwanzig, fünfundzwanzig Jahren hatte ihn dieser Gefühlszustand öfter befallen – Liebeskummer.

Aber heute? Sollte er vor emotionalen Krisensituationen wie dieser nicht allmählich gefeit sein? Vernunft statt Triebe? Der Kopf anstelle des Herzens sollte das Sagen haben – hatte er aber nicht. Ganz und gar nicht.

Paul Flemming war bedrückt und ziemlich ratlos, als er an der Seite seines guten Freundes Pfarrer Hannes Fink durch das Langhaus der Nürnberger Sebalduskirche schritt. Er sprach leise, doch jede Silbe des Gesagten verursachte in dem weitläufigen, sakralen Bau einen Widerhall. »Sie ruft nicht an, schickt keine SMS und schreibt keine Mails«, machte er seinem Unmut Luft. »Und das alles nur wegen eines dummen Missverständnisses! Ich kannte dieses Model ja nicht einmal.«

Fink, dessen zum Pferdeschwanz gebundenes langes Haar bei jedem Schritt über seinen Rücken hüpfte, fragte mit ruhiger Stimme: »Gab es zwischen Katinka und dir nicht auch schon früher Phasen der Funkstille? Einmal sogar mehr als drei Wochen, wenn ich es recht in Erinnerung habe?«

»Ja«, gab Paul zerknirscht zu, »aber diesmal ist es anders. Ich glaube, da stimmt etwas nicht.«

»Was soll denn nicht stimmen?«

»Es ist untypisch für Katinka, dass sie auf meine Nachrichten überhaupt nicht reagiert.«

Fink blieb neben einem Sandsteinpfeiler stehen und blickte Paul skeptisch an. »Vielleicht hat die Frau Oberstaatsanwältin zur Abwechslung auch nur mal etwas anderes zu tun, als sich um die Unterhaltung ihres Dauerverehrers zu kümmern. Vielleicht macht sie ganz einfach ihren Job.«

Paul sah ihn eingeschnappt an. »Genau da liegt ja das Problem: Ich habe nämlich auch versucht, sie im Oberlandesgericht zu erreichen. Aber dort konnte oder wollte mir auch niemand sagen, wo sie sich aufhält.«

»Käme ein kurzentschlossener Urlaub in Betracht?«, mutmaßte der Pfarrer.

Paul schüttelte den Kopf: »Dann hätte sie sich verabschiedet oder wenigstens eine SMS geschickt. Nein, nein, irgendetwas stimmt nicht. Ich kann mir nicht vorstellen, dass sie aus einer unbegründeten Eifersucht heraus so ganz und gar eingeschnappt sein sollte.«

»Wie lautet also deine düstere Prognose?«, fragte Fink belustigt, der die Sache noch immer nicht ernst zu nehmen schien.

»Ich vermute, dass ihr etwas zugestoßen ist!«, platzte es aus Paul heraus. Mit bebender Stimme sprach er seine schlimmste Befürchtung aus: »Vielleicht hat sie sich etwas angetan, nachdem sie mich mit diesem Model gesehen hat.«

Fink winkte ab. »Eine selbstbewusste Frau wie Katinka? Nimmst du dich da nicht etwas zu wichtig?«

Paul griff verzweifelt zum nächsten Erklärungsversuch: »Vielleicht hat sich ein Straftäter gerächt, den sie hinter Gitter gebracht hat.« Kleinlaut fügte er hinzu: »Oder aber sie geht mir ganz bewusst aus dem Weg, weil ...«

» ... weil sie jemand anderen kennengelernt hat?«, schloss Fink mitfühlend.

»Möglich«, stimmte Paul zu und dachte an Katinkas Zeit in Berlin zurück und an die Gerüchte um ihre angebliche Affäre mit einem Staatssekretär im Justizministerium. Augenblicklich spürte er wieder die feinen Stiche im Herzen. Er seufzte. »Oder aber sie ist meine ewige Unschlüssigkeit bezüglich unserer gemeinsamen Zukunft leid und will endlich wissen, woran sie bei mir ist.«

»Du denkst, sie spannt dich auf die Folter?« Fink strich sich mit dem Zeigefinger über seinen Schnauzbart. »Wie dem auch sei, du musst so schnell wie möglich klären, ob an deiner Rachetheorie etwas dran ist. Wenn Katinka wirklich in den Händen eines Kriminellen ist, hast du keine Zeit zu verlieren.«

»Du meinst, ich soll zu ihr nach Hause fahren und nachsehen?«, fragte Paul zögernd.

»Natürlich! Ich kann nicht glauben, dass du das nicht schon längst getan hast!«, schalt ihn Fink.

»Und wenn sie mich nun doch absichtlich ignoriert und mit einem anderen Mann zusammen ist?«, haderte Paul.

»Dieses Risiko musst du eingehen!«

Keine fünf Minuten später saß Paul hinterm Steuer seines Renaults und wartete ungeduldig vor der Ampel am Hallertor. »Verflixt!«, fluchte er, denn die Rotphase war ihm noch nie so lang erschienen wie heute. Während er voller Ungeduld Autos, Busse und eine Straßenbahn an sich vorbeiziehen lassen musste, trommelte er mit den Fingern auf das Lenkrad.

Sollte er die Polizei einschalten? Aber mit welcher Begründung? Und: Würde man ihn nicht fragen, warum er sich erst jetzt meldete, wenn er seinen Verdacht schon seit mehreren Tagen hegte? Nein, nein, er musste das jetzt allein und ohne weiteren Zeitverlust klären!

Endlich sprang die Ampel auf Grün. Paul gab Gas und bog auf den Westtorgraben ab. Wenn jetzt alles glatt lief, wäre er in einer Viertelstunde am Ziel. Doch die nächste rote Ampel empfing ihn am Spittlertorgraben kurz vor dem Plärrer. Pauls Nerven lagen blank. Er dachte fieberhaft über Abkürzungen und weniger befahrene Schleichwege nach.

Dann setzte sich die Blechlawine vor ihm wieder in Bewegung. Unerwartet zügig konnte er den Verkehrsknotenpunkt Plärrer passieren und war erleichtert. Nun lag das Schlimmste hinter ihm.

Tatsächlich schaffte er den Rest der Strecke in knapp zehn Minuten. Er sprang aus dem Wagen, ohne ihn abzuschließen, und eilte zu dem mondänen Appartementblock, in dem Katinka Blohm seit kurzem wohnte. Völlig außer Atem stand Paul vor ihrer Wohnungstür. Seine Bedenken, sich lächerlich zu machen oder gar den Eindruck zu erwecken, er würde ihr nachstellen, waren jetzt wie weggeblasen, denn ihm waren sofort zwei Brötchentüten und ein Stoß Zeitungen aufgefallen, die unberührt auf der Schwelle lagen. »Also doch!«, dachte er alarmiert. Für ihn gab es keinen Zweifel mehr: Katinka war etwas passiert.

Unverzüglich musste er Hilfe rufen! Paul fingerte nervös nach seinem Handy. Mit vor Anspannung zitternden Händen tippte er die Nummer von Kriminalkommissarin Jasmin Stahl ein. Doch noch bevor er die letzten Zahlen eingeben konnte, stutzte er. War da nicht gerade ein Geräusch gewesen? Paul hielt inne und lauschte angestrengt in die Stille. Nichts. Er hatte sich wohl getäuscht.

Er nahm einen neuen Anlauf, Jasmin anzurufen, als er wieder etwas hörte. Es klang wie ein gepresstes Husten. Paul steckte das Handy weg und klopfte energisch an die Tür. »Hallo!«, rief er laut. »Katinka, bist du da?«

Lange Sekunden passierte gar nichts. Dann meinte er ein leises Röcheln zu erahnen. Paul klopfte erneut, diesmal noch stärker.

Im Zeitlupentempo öffnete sich die Tür. Katinka stand vor ihm. Sie trug einen Morgenmantel, ihre Augen waren verschwollen, die rote Nase bildete einen starken Kontrast zu ihrer blassen Gesichtsfarbe, das Haar klebte ihr strähnig in der Stirn.

»Mich hat es fürchterlich erwischt«, sagte sie heiser und hustete sogleich in ein Taschentuch. »Die Grippe. Ich konnte mich die letzten beiden Tage kaum rühren. Aber langsam geht's aufwärts.«

Paul sah sie fassungslos an. Stammelnd brachte er hervor: »Du bist krank? Einfach nur krank?«

»Von einfach nur kann keine Rede sein. Mir geht es richtig dreckig.« Sie taxierte ihn argwöhnisch. »Was hast du denn vermutet? Dass ich eine Allergie gegen unbekannte Schönheiten entwickelt habe, die mir meinen Platz streitig machen?« Sie rang sich ein schwaches Lächeln ab. »Tut mir leid, Paul, ich kann dich hier jetzt wirklich nicht gebrauchen, ich muss zurück ins Bett. Aber wir können gern fürs Wochenende etwas ausmachen. Führst du mich mal wieder ins Café aus? Nur diesmal vielleicht lieber nicht ins *Sebald* ...«

Kasblootz
Traditionelles unterfränkisches Gebäck

Dazu passt: Glühwein oder Kaffee
1 Backblech ergibt ca. 6–8 Portionen
Schwierigkeitsgrad: mittel
Zubereitungszeit: 90 Minuten

Für den Hefeteig:

500 g Mehl

25 g frische Hefe

200 ml lauwarme Milch

1 Eigelb

70 g Schweineschmalz oder Butter

70 g Zucker

Prise Salz

Für den Teig ist es wichtig, dass alle Zutaten
Zimmertemperatur haben.

Für den Belag:

1,5 kg Quark

200 ml Sahne

300 g Zucker

50 g Butter

1 Päckchen Vanillepudding

4 Eier, getrennt

100 g Rosinen

Zum Bestreichen:

20 g flüssige Butter

20 g Zucker

1 Eigelb

Zimt

Alle Zutaten Zimmertemperatur annehmen lassen. Das Mehl auf eine saubere Arbeitsfläche sieben und eine Mulde hineindrücken. Zerbröselte Hefe, Milch, Eigelb, Schmalz, Zucker und Salz hineingeben. Alles verkneten, bis der Teig Blasen wirft. An einem warmen Ort abgedeckt gehen lassen.

Den Teig nochmals durchkneten und auf einem tiefen, gefetteten Backblech ausrollen. Dabei einen 2 cm hohen Rand formen.

Für den Belag Quark, Sahne, Zucker, Butter, Puddingpulver und Eigelb verrühren. Das Eiweiß schaumig schlagen, bis sich eine feste Masse bildet. Mit den Rosinen vorsichtig unter die Quarkmasse heben. Die Masse gleichmäßig auf dem vorbereiteten Teig verstreichen.

Zum Bestreichen flüssige Butter, Zucker und Eigelb verrühren. Die Mischung gleichmäßig auf den Kuchen pinseln. Den Kuchen im vorgeheizten Backofen bei 170 °C 60–70 Minuten backen, bis Butter und Eigelb fest sind. Mit Zimt bestäuben.

Das Tor und der Tod

Das Bild, das sich Paul Flemming bot, war geradezu skurril: Er stand auf dem Rasen des Stadions, um sich herum sah er die menschenleeren Ränge und Zuschauertribünen, vor ihm das Tor – und mitten im Strafraum eine Leiche!

Die junge Frau, die mit unnatürlich von sich gestreckten Gliedmaßen vor ihm lag, musste zu Lebzeiten schön gewesen sein. Ihre jugendlich sportliche Figur, das lange, im Sonnenlicht schimmernde Haar, die makellose Haut, all das sprach für ihre Attraktivität, und man hätte unter diesen Umständen an einen Sportunfall denken können, wäre da nicht diese hässliche Wunde am Hinterkopf gewesen. Wegen des ungewöhnlichen Tatorts dachte Paul beim Anblick der Wunde sofort an einen harten Ballschuss aus nächster Nähe. Aber wahrscheinlicher war, dass der Polizeiarzt später einen stumpfen Gegenstand als Mordwaffe benennen würde.

»Wollen Sie nicht endlich anfangen, Ihre Fotos zu schießen?«, trieb ihn Victor Blohfeld an. Der Polizeireporter des Nürnberger Boulevardblatts stand direkt neben Paul und sorgte sich offensichtlich, dass die Polizei sie nicht länger am Tatort gewähren lassen würde. »Wir haben genau fünf Minuten für diesen Job. Der Leichenwagen steht schon bereit. Heute Abend soll das nächste Spiel stattfinden, da wäre eine Tote im Tor ziemlich hinderlich.«

Paul verkniff sich einen Kommentar über die Pietätlosigkeit des Reporters und machte brav seine Aufnahmen. Dabei stellte er sich zum wiederholten Mal, seit er hier eingetroffen war, die Frage, warum jemand einen Mord ausgerechnet in einem Fußballstadion beging. Auf der riesigen freien Fläche hätte der Täter damit rechnen müssen, gesehen zu werden. Selbst wenn tagsüber kein Spiel stattfand, waren doch immer Sicherheitskräfte, Haustechniker oder Rasenpfleger unterwegs. Warum also war der Mörder ein solches Risiko eingegangen? »Gegen wen spielt der 1. FC Nürnberg denn heute Abend?«, fragte Paul, der Fußballmuffel, eher beiläufig.

»Das wissen Sie nicht? Ein Freundschaftsspiel. Die Clubberer müssen ausnahmsweise einmal außerhalb der Saison ran«, antwortete Blohfeld. »Allerdings werden sie auf ihren Linksaußen Vladimir Kerinovski diesmal verzichten müssen.«

Paul bückte sich zu der Toten hinunter und lichtete sie aus einer anderen Perspektive ab. »Wieso?«, fragte er. »Ist Kerinovski krank?«

Blohfeld gab ein undefinierbares Grunzen von sich. »Nein, er ist in Trauer. Die hübsche Tote, die Sie gerade fotografieren, war seine Zukünftige.«

»Was?« Paul sah überrascht auf, zögerte einen Moment und stellte dann die naheliegende Frage: »Aber er ist es doch nicht etwa selbst gewesen, der ...?«

Blohfeld winkte mit überlegenem Lachen ab. »Nein, nein. Wo denken Sie hin? Kerinovski war zu der in Frage kommenden Zeit zusammen mit der restlichen Mannschaft und dem Trainer im Whirlpool. Es gibt also inklusive der Ersatzspieler zwanzig, wenn nicht noch mehr Zeugen für seine Unschuld.«

»Aber dann begreife ich die Zusammenhänge nicht«, wandte Paul ein. »Die Freundin eines Clubspielers liegt tot im Tor – wer sonst sollte auf die Idee kommen, einen Mord ausgerechnet vor dieser Kulisse zu inszenieren? Es muss ja wohl eine Verbindung zum Fußball geben, oder?«

Blohfeld kräuselte die Stirn. »Diese Frage stellen Sie wohl besser einem Profiler, mein lieber Flemming.«

Zwei schwarz gekleidete Männer mit einem grauen metallischen Sarg näherten sich ihnen. »Es wird Zeit, dass wir das Spielfeld räumen«, raunte Blohfeld Paul zu. »Sehen wir zu, dass wir hier wegkommen. Wir wollen dem Erfolg unseres Clubs ja nicht im Wege stehen. Immerhin ist heute ein echter Schicksalstag für den FCN.«

Paul horchte auf. Dann sah er auf die Datumsanzeige seiner Armbanduhr: 26. Mai.

»Entschuldigen Sie mich!« Paul hatte es plötzlich sehr eilig, seinen Begleiter zu verlassen. Er rannte über die Rasenfläche in eine abgeschiedene, schattige Ecke unmittelbar unterhalb der Nordkurve. Er zog sein Handy aus der Hosentasche und tippte die Nummer von Oberstaatsanwältin Katinka Blohm ein. »Kati? Ich bin's, Paul.«

»Was gibt es denn so Eiliges?«, fragte sie in geschäftigem Ton.

Paul hatte alle Mühe, seine Ungeduld zu zügeln: »Heute ist der 26. Mai – das ist der Jahrestag des großartigen Pokalsiegs des 1. FC Nürnberg von 2007. An den Tag kann sogar ich mich erinnern, obwohl ich ja nun wirklich nicht viel mit Fußball am Hut habe.«

Eine Weile herrschte ratloses Schweigen am anderen Ende der Leitung. »Ja, und?«, fragte Katinka schließlich.

»Es geht um die Tote im Stadion«, erklärte Paul und erkundigte sich: »Habt ihr irgendwelche Informationen über ihr Vorleben? Ich meine, kannst du mir sagen, ob sie vor ihrer Liaison mit Vladimir Kerinovski engere Männerbekanntschaften pflegte?«

»Woher soll ich das denn jetzt schon ...« Er hörte Papier rascheln. Dann sagte Katinka mit deutlich lebhafterer Stimme: »Allerdings – ja! Ich habe hier einen Tom Gröschel. Mit ihm war die Verstorbene sogar verlobt.«

Paul fühlte sich bestätigt. »Lass mich raten: Die Verlobung wurde kurz nach dem 26. Mai 2007 gelöst.«

»Das weiß ich nun wirklich nicht, wir fangen mit den Ermittlungen ja gerade erst an«, meinte Katinka schroff. »Aber wenn es für dich so wichtig ist ... – warte einen Moment.« Sie hielt die Hand vor die Sprechmuschel. Paul konnte gedämpfte Stimmen hören. Dann meldete sich Katinka wieder. »Also gut, meine Assistentin hat sich erkundigt: Es stimmt tatsächlich. Aber woher weißt du das?«

»Habe ich mir gedacht«, sagte Paul. Dann erläuterte er Katinka seine Theorie: »Der Pokalsieg war ein Tag des

Triumphs nach jahrelangem frustrierenden Warten. Er ging über in rauschende Siegesfeiern. Die Nürnberger Kicker waren die Helden der Stunde. Sie feierten ihren Sieg ausgelassen. Und man kann es ihnen wohl kaum verübeln, dass der ein oder andere von ihnen dabei nichts anbrennen ließ.«

»Du sprichst von Kerinovski«, reimte sich Katinka zusammen.

Paul bestätigte: »Ich gehe davon aus, dass Kerinovski während der Pokalfeier unser Opfer kennengelernt hat. Sie löste daraufhin ihre Verlobung und wurde Kerinovskis Freundin.«

»Der verprellte Ex-Verlobte aber missgönnte ihr den neuen Liebhaber«, nahm Katinka den Faden auf.

»Richtig«, sagte Paul. »Er wurde mit der neuen Situation nicht fertig. Er grübelte lange darüber nach, wie er sich rächen könnte. Dann wählte er den Tag des Club-Triumphes, der gleichzeitig der Tag seiner eigenen schmachvollen Niederlage war, zum Zeitpunkt seiner Rache.«

»Das würde auch erklären, warum die Tote ausgerechnet im Stadion aufgefunden wurde«, sagte Katinka nachdenklich. »Okay, wir haben jetzt wohl eine Menge zu tun. Vielen Dank für deinen Hinweis, Paul.«

»Nichts zu danken«, erwiderte Paul gönnerhaft und drückte die Unterbrechungstaste seines Handys.

In einer schwer einsehbaren Nische entdeckte er einen Fußball. Er zog ihn hervor, kickte ihn ein Stück vor sich her und brachte ihn in Position. Er visierte die entfernte Silhouette Victor Blohfelds an und nahm Anlauf. Er traf das Leder in einem perfekten Winkel.

Der Polizeireporter wurde hart an der Flanke getroffen, knickte mit überraschtem Gesichtsausdruck ein und ging zu Boden.

Paul wandte sich zufrieden ab und machte sich auf den Weg zum Ausgang des Stadions. Ihm stand jetzt der Sinn nach einer kulinarischen Stärkung. Sportiv sollte es sein, etwas Schnelles und doch Raffiniertes, ein echtes Meister-Essen eben …

Bierwürstchen mit Kren-Dip
Fränkisches Fingerfood

Dazu passt: Sekt, Weißwein
Für 4 Personen
Schwierigkeitsgrad: leicht
Zubereitungszeit: 30 Minuten

24 Nürnberger Rostbratwürstchen
Olivenöl
500g Frittierfett oder Öl

Für den Bierteig:
250 g Mehl
Salz
3 Eier getrennt
200 ml helles Bier
70 g flüssige Butter

Für den Kren-Dip:
120 g Frischkäse (Doppelrahmstufe)
50 g Quark (40 % Fett)
150 g Joghurt
1 EL mittelscharfer Senf
Salz, Pfeffer
20 g Meerrettichwurzel
Saft von 1/4 Zitrone

Die Rostbratwürstchen in einer Pfanne in etwas Olivenöl braten und auf Küchenpapier abtropfen lassen.

Für den Bierteig Mehl, Salz, Eigelb und Bier zu einem zähflüssigen Teig verrühren. Den Teig 15 Minuten quellen lassen. Das

Eiweiß steif schlagen. Mit der flüssigen Butter vorsichtig unter den Teig heben.

Das Frittierfett in einer hohen Pfanne erhitzen. Die Würstchen einzeln mit einem Esslöffel in den Bierteig tauchen und im heißen Fett goldbraun frittieren. Auf Küchenpapier abtropfen lassen.

Für den Kren-Dip Frischkäse, Quark, Joghurt, Senf, Salz und Pfeffer verrühren. Die Meerrettichwurzel schälen und reiben. Sofort mit Zitrone beträufeln und unter die Joghurtmasse ziehen.

Die Bierwürstchen auf einer großen Platte mit dem Dip anrichten.

Sterben für Wagner

Der Grüne Hügel! Paul Flemming stand vor einem trapezförmig angelegten, akkurat gepflegten Blumenbeet und blickte nicht ohne Ehrfurcht auf das Richard-Wagner-Festspielhaus.

Mit den großen, bogenförmig abgeschlossenen Fenstern war seine Front auf Wirkung angelegt, und die klassischen Säulen sowie der flachwinklige Dachstuhl verliehen dem Bau etwas von der erhabenen Anmut des griechischen Pantheons, dachte sich Paul. Die mit weißem Fachwerk versetzten Backsteinwände der Seitenflügel hingegen kamen ihm etwas provinziell vor. Aber er war hier ja auch in der Provinz. Die Bayreuther Festspiele – weltbekannt und dennoch für immer fest verankert in der ländlichen Idylle Oberfrankens.

»In nur drei Jahren hat Richard Wagner dieses Gebäude aus dem Boden gestampft«, sagte ein älterer Mann in Arbeitskleidung, der plötzlich neben Paul aufgetaucht war. Er hielt eine Harke in seiner Hand, die Paul sagte, dass er es mit einem der Gärtner zu tun hatte. »Das Grundstück wurde ihm seinerzeit zwar von der Stadt Bayreuth überlassen, aber den Bau hat der alte Wagner allein finanziert«, redete der Gärtner ungefragt weiter. »Das meiste davon durch private Spenden und königliche Darlehen. – Gehören Sie zur Presse?«

»Ja.« Paul lächelte den Mann an. »Ich fotografiere für eine Nürnberger Zeitung den Promiauflauf vor der Ring-Premiere heute Abend – für einen Platz im Publikum hat's leider nicht gereicht.«

Der Gärtner stützte sich auf seiner Harke ab. »Trösten Sie sich, ich war auch noch nie dabei. Tja, der Grüne Hügel ist eben nur etwas für die Schönen und die Reichen, die sich das Tamtam hier leisten können.«

Paul griff diesen Gedanken auf und erkundigte sich: »Warum heißt es eigentlich Grüner Hügel? So hügelig ist es hier doch gar nicht.«

Der alte Mann lachte amüsiert auf. »Das habe ich mich vor fünfunddreißig Jahren, als ich hier angefangen habe, auch gefragt. Aber man lernt ja dazu: Der Name kommt vom Grünen Hügel in Zürich, auch Gabler genannt. Auf dem steht die Villa Wesendonck, und gleich daneben hat der Wagner eine Zeit lang in einem Gartenhaus gewohnt. Dort entstand ein großer Teil vom Ring des Nibelungen und natürlich die Wesendonck-Lieder.«

»Danke für die Info«, sagte Paul, »das habe ich nicht gewusst.«

»Naja«, sagte der Gärtner, »Sie kommen aus Mittelfranken, das ist ja nicht nur sprachlich das andere Ende des Frankenlandes. Es sei Ihnen also verziehen.«

Paul gefiel die ebenso unerwartete wie unverkrampfte Konversation an diesem besonderen Ort. Gern hätte er mit dem gut informierten Gärtner noch ein wenig geplaudert. Vielleicht könnte er ja sogar etwas vom aktuellen Familienklatsch der Wagners erfahren ... Doch Paul musste sich darauf einstellen, dass bald auch seine Kollegen auftauchen und wenig später die Limousinen der Premierengäste vorfahren würden.

Umso mehr war er überrascht, als er anstelle nobler Schlitten einen Leichenwagen erblickte. Im Schritttempo rollte er an ihnen vorbei und verschwand hinter dem Festspielgebäude. Quasi im selben Moment klingelte sein Handy. »Blohfeld!«, rief Paul, als er die erregte Stimme des Nürnberger Polizeireporters erkannte. »Was ist denn los?« »Haben Sie denn etwa noch nichts gemerkt?«, fragte dieser, und Paul ging außer Hörweite des Gärtners. »Sie sind doch vor Ort, oder nicht? Es gibt einen Toten auf dem Grünen Hügel!«

Sofort wandte Paul sich noch einmal nach dem Leichenwagen um, aber der war nicht mehr zu sehen. »Einen Toten? Ausgerechnet jetzt, so kurz vor der Premiere?«

»Aber ja«, bekräftige der Polizeireporter. »Für eine solche Story hätte ich gern den Weg nach Oberfranken in Kauf genommen.«

Paul, der auf ein sehr viel harmloseres Event eingestellt gewesen war, musste erst einmal seine Gedanken ordnen, bevor er fragte: »Wer ist es denn? Etwa ein Mitglied der Familie?«

»Keine Ahnung. Ich weiß nur, dass jemand wenige Meter vom Festspielhaus entfernt erstochen worden ist. – Sind Sie denn blind? Kriegen Sie denn davon gar nichts mit? Sie müssten doch direkt daneben stehen.«

Paul überhörte diesen Vorwurf. »Und?«, drängte er. »Gibt es irgendwelche Hinweise auf den Mörder oder das Motiv?«

»Weiß ich doch alles noch nicht«, sagte Blohfeld ungeduldig. »Das Wichtigste ist jetzt, dass Sie ein paar gute Fotos schießen. Und zwar dalli!«

Tatsächlich herrschte vor dem Gebäude ein emsiges Treiben, das Paul erst jetzt dem Mordfall zuordnen konnte und nicht etwa dem Opernabend. Die Blaulichter mehrerer Polizeifahrzeuge blitzten, und Beamte der Spurensicherung in weißen Overalls steckten kleine schwarze Tafeln mit Buchstaben und Zahlen ins Gras, um den Tatort zu markieren. Die Leiche war bereits in einen grauen Metallsarg gelegt worden.

Als Paul einen der Polizisten ansprechen und um eine Fotoerlaubnis bitten wollte, hörte er lautes Fluchen. Es kam aus Richtung eines Polizeikastenwagens, vor dem ein Mann im Overall stand und hektisch an einer Kamera herumfummelte. Paul ging auf ihn zu. »Kann ich helfen?«

Der Mann sah Paul überrascht an, bemerkte dann den Fotoapparat an Pauls Schulter, worauf ein Lächeln sein Gesicht erhellte. »Ich springe heute für den Polizeifotografen ein. Der Kollege ist krank. Ich habe den Tatort dokumentiert. Aber jetzt macht das Mistding Zicken. Kennen Sie sich aus? Würden Sie mal schauen, ob Sie das wieder hinkriegen?«

Paul ließ sich nicht lange bitten. Das Problem, nur ein klemmender Verschluss, war schnell behoben. Spontan kam Paul die Idee, den Mann um eine kleine Gegenleistung zu bitten. »Wer ist denn der Tote?«, fragte er.

Der Beamte zögerte kurz, sagte dann aber bereitwillig: »Albrecht Schönhofer, ein Anwalt aus Marktheidenfeld. Offenbar seit vielen Jahren Stammgast im Premierenpublikum. Der mutmaßliche Tathergang spricht für einen Raubmord.«

Da der letzte Satz ziemlich unmotiviert klang, hakte Paul nach: »Aber? Haben Sie Zweifel daran?«

»Allerdings«, antwortete der Beamte, »denn meine Kollegen sagen, dass Schönhofer nichts entwendet wurde.«

»Nichts?«, fragte Paul verwundert.

»Nichts«, wiederholte sein Gegenüber. »Armbanduhr, Brieftasche, Schlüsselbund, Krawattennadel – alles noch an Ort und Stelle.«

Pauls Blick fiel noch einmal auf die Fotokamera, die er gerade repariert hatte. »Wäre es möglich, dass Sie mich einen kurzen Blick auf die Tatortfotos werfen lassen?«

Der andere taxierte ihn kurz und sagte: »Das geht in Ordnung, aber Kopien ziehen kommt nicht in Frage, klar?«

Paul verzichtete auf eine Antwort und studierte die Aufnahmen eingehend. Die ersten Bilder zeigten das Opfer aus gebührendem Abstand. Man sah einen grauhaarigen Mann im Smoking. Eine untadelige Erscheinung, wenn man von der Tatsache absah, dass der Mann bäuchlings im Gras lag und sich neben ihm auf Brusthöhe eine dunkelrote Lache ausbreitete. Paul betätigte den kleinen Knopf, um weitere Bilder aufzurufen. Schließlich stoppte er bei einem Foto, das eine Ansammlung persönlicher Utensilien zeigte. »Was ist das?«, wollte er wissen.

»Die Habseligkeiten, die er bei sich trug.«

Paul sah noch einmal genau hin. Der Polizist hatte recht: Es fehlte nichts. Vom silbernen Kamm bis zu den Manschettenknöpfen war alles da. Auch der Inhalt des Portemonnaies war fein säuberlich ausgebreitet worden. Geld, Ausweis, Kreditkarten – nichts fehlte.

Nichts? – Paul musste trotz des Ernstes der Lage darüber schmunzeln, dass es bisher niemandem aufgefallen war: Natürlich fehlte etwas. Und zwar etwas ganz Entscheidendes!

»Und es war doch Raubmord!«, stellte er im Brustton der Überzeugung fest.

»Bitte?«, fragte der Beamte.

»Raubmord«, wiederholte Paul. »Ziemlich sicher.«

»Wie kommen Sie darauf?«

»Schönhofer war der Kleidung nach zu urteilen einer der handverlesenen Premierengäste für die heutige Aufführung – richtig?«

»Ja«, bestätigte der Ermittler, »wie schon gesagt, er kam jedes Jahr.«

»Dann sollten Ihre Kollegen heute Abend die Gästeliste sehr genau prüfen und nach einem ungeladenen Besucher mit Schönhofers Eintrittskarte Ausschau halten – denn seine eigene wurde diesem bedauernswerten Wagner-Enthusiasten offenbar gestohlen.«

Der Kripobeamte schien bass erstaunt über diese Schluss-folgerung und dachte über Pauls Worte eine Weile nach. Dann verabschiedete er sich überstürzt und lief auf die anderen Polizeibeamten zu.

Die Kripo würde heute Abend viel zu tun haben, dachte Paul. Für ihn selbst endete der Tag trotz des tragischen Ereignisses ganz entspannt. Nachdem er seine Fotos per W-LAN in die Redaktion nach Nürnberg gemailt hatte, gönnte er sich einen kulinarischen Ausklang. Eine Gastwirtschaft hatte ihre Tische im Freien aufgestellt, und Paul beobachtete die Flaneure in der Altstadt, die Einheimischen und die Festspielgäste, während er oberfränkische Tafelfreuden genoss.

Fränkische Kartoffelsuppe
mit Kräutern
Vorspeise

Dazu passt: Bier, Wein
Für 4 Personen
Schwierigkeitsgrad: leicht
Zubereitungszeit: 30 Minuten

Für die Kartoffelsuppe:
500 g Kartoffeln
2 Karotten
1 Stange Lauch
1 l kräftige Fleisch- oder Gemüsebrühe
100 g Bauchspeck
1 Bund frische Kräuter (z.B. Majoran, Petersilie,
Löwenzahn, Sauerampfer, Brennnessel)
+ Kräuter für die Garnitur
Salz, Pfeffer, Muskat

Für die Röstzwiebeln:
1 große Zwiebel
2 EL Mehl
2 EL Speiseöl

Kartoffeln, Karotten und Lauch waschen, putzen und klein schneiden. Ca. 20 Minuten in der Brühe köcheln lassen.

In der Zwischenzeit den Bauchspeck würfeln und in einer Pfanne auslassen. Die Kräuter waschen, trocken schütteln und fein hacken. Zur Brühe geben und die Suppe mit dem Stabmixer cremig pürieren. Bauchspeck in die Suppe geben. Mit Salz, Pfeffer und Muskat abschmecken.

Für die Röstzwiebeln die Zwiebel schälen und in dünne Ringe schneiden. Mit Mehl bestäuben und in heißem Öl rösch braten. Die Suppe portionsweise mit den Röstzwiebeln anrichten und mit frischen Kräutern garnieren.

Fränkische Pfannkuchen
Süßspeise

Dazu passt: Dessertwein
Für 4 Personen
Schwierigkeitsgrad: leicht
Zubereitungszeit: 20 Minuten

Für den Teig:
250 g Mehl
4 Eier
1 EL Vanillezucker
500 ml Milch
Prise Salz
2 EL neutrales Speiseöl
10 g Butterschmalz
Puderzucker zum Bestäuben

Für die Füllung:
200 ml Sahne
200 g Zwetschgenmus
2 EL Zwetschgenwasser

Mehl, Eier, Vanillezucker, Milch, Salz und Öl zu einem glatten Teig verrühren. Den Teig 10 Minuten quellen lassen.

Das Butterschmalz in einer kleinen Pfanne stark erhitzen. Eine Schöpfkelle Teig von innen nach außen kreisförmig hineinlaufen lassen. Den Pfannkuchen von beiden Seiten goldbraun ausbacken. Den fertigen Pfannkuchen aus der Pfanne nehmen und im Ofen warm stellen. Die restlichen Pfannkuchen ebenso backen.

Für die Füllung die Sahne steif schlagen. Zwetschgenmus und Zwetschgenwasser gut vermischen. Die geschlagene Sahne vorsichtig unterheben. Die Pfannkuchen mit der Zwetschgensahne bestreichen, aufrollen und fein mit Puderzucker bestäuben. Sofort servieren.

Wallenstein lässt grüßen

Sirenengeheul. Stimmengewirr. Blaulichter, die sich auf dem regennassen Asphalt spiegelten. Polizeibeamte rannten wild durcheinander, spannten rotweiße Flatterbänder, drängten Schaulustige zurück.

»Verfluchter Mist, wir kommen zu spät!«, schimpfte Blohfeld und trommelte mit den Fingern aufs Lenkrad seines Mercedes. Den giftigen Blick, den er Paul zuwarf, interpretierte dieser als Vorwurf. Denn Paul hatte erst noch seine Fotoausrüstung zusammensuchen müssen, nachdem der Reporter ihn wegen des Raubüberfalls in Zirndorf angerufen hatte. Wertvolle Minuten waren verstrichen, bis sie endlich losfahren konnten. »Jetzt sind sie mit dem Geldtransporter über alle Berge«, grummelte Blohfeld. Er beugte sich vor und betätigte den Sendersuchlauf seines Radios. Kurz darauf waren verzerrte Stimmen zu hören: Funkverkehr.

»Sie hören den Polizeifunk ab?«, staunte Paul.

»Selbstverständlich.« Blohfeld hob abwehrend die Hand. »Und ersparen Sie mir Ihre Belehrungen. Ich weiß, dass es verboten ist.«

Beide lauschten den hektisch klingenden Durchsagen, Anweisungen und Anfragen. Bald stellte sich heraus, in welche Richtung das Fluchtfahrzeug unterwegs sein musste. Blohfeld drehte den Zündschlüssel um und fuhr mit rasanter Beschleunigung los.

Die Fahrt – konsequent über dem Tempolimit – endete schon nach zwanzig Minuten auf einem Waldparkplatz.

Ein bleierner Himmel hing über ihnen. Paul kauerte auf dem Beifahrersitz und ließ trotz des Dauerregens demonstrativ die Scheibe herunter, als Blohfeld sich anschickte, eine Zigarre anzuzünden. »Muss das sein?«, beschwerte sich Paul, doch Blohfeld lächelte müde und knipste sein Benzinfeuerzeug an.

»Ja, es muss sein«, sagte der hagere Reporter, »denn wir werden wohl noch eine Weile mit Warten verbringen, ehe sich da vorne was tut. So lange kann ich nicht auf Nikotin verzichten. Jedem seine Sucht.«

Paul sah nach draußen und konzentrierte sich auf den schmalen Waldweg, der gut dreihundert Meter von ihrem Standort entfernt in einen Parkplatz mündete. Sie waren nicht allein. Rund ein Dutzend weiterer Fahrzeuge hatte sich in ihrer Nähe postiert. In den meisten saßen Polizeibeamte, in einigen Journalisten der Konkurrenzblätter, und sogar das Fernsehen war gekommen. »Sind Sie sicher, dass die Räuber diesen Weg benutzen werden?«, fragte Paul mit einem prüfenden Blick auf seine nun einsatzbereite Fotokamera.

»Zumindest zu neunzig Prozent«, antwortete Blohfeld, stieß eine dicke Qualmwolke aus und breitete dann gemächlich eine Karte auf dem Lenkrad aus. »Sehen Sie hier.« Er deutete mit seinem Finger auf einen Flecken zwischen Fürth und Zirndorf. »In diesem Supermarkt im Zirndorfer Gewerbegebiet, wo wir vorhin waren, schlugen die Kerle zu. Sie überwältigten die Fahrer des Geldtransporters, der die Tageseinnahmen mehrerer großer Märkte an Bord hatte, und flüchteten mitsamt dem Transporter entlang dieser Route, wie Sie ja selbst per Funk mitbekommen haben.« Der Finger des Reporters beschrieb auf der Karte eine gewagte Kurve und verharrte über dem grün schraffierten Waldgürtel kurz vor der Zirndorfer Veste. Blohfeld tippte auf den Ausgangspunkt des Forstweges, der direkt vor ihnen aus dem Wald kam. »Sämtliche Seitenwege sind nur für Forstfahrzeuge befahrbar, da kommt man mit einem normalen Wagen nicht weit und mit einem Geldtransporter schon gar nicht. Die Gangster müssen direkt vor unserer Nase auftauchen, wenn sie den Wald wieder verlassen wollen. Die Polizei sperrt ihnen den Rückweg ab.«

»Wenn Sie meinen«, sagte Paul zweifelnd und starrte in den immer stärker werdenden Regen. Dann schaute er sich noch einmal genau die Landkarte an. »Wissen Sie eigentlich, dass wir uns hier ganz in der Nähe des großen Schlachtfelds befinden?«, fiel ihm auf.

»Was meinen Sie?«, fragte Blohfeld verständnislos.

»Die Schlacht an der Alten Veste«, frischte Paul das Geschichtswissen des Reporters auf. »An dieser Stelle trafen im Dreißigjährigen Krieg die Truppen des kaiserlichen Feldherrn Albrecht von Wallenstein auf die des Schwedenkönigs Gustav Adolf.«

Blohfeld gab sich desinteressiert. »Jaja, mag sein.«

Doch Pauls eigene Lethargie war mit einem Mal wie weggeblasen. Ruckartig setzte er sich auf und fummelte am Autoradio.

»Was tun Sie da?«, protestierte Blohfeld.

»Ich versuche, den Polizeifunk besser reinzubekommen.«

»Wieso? Es tut sich nichts, die Bullen wissen selbst nicht, wo die Gauner so lange bleiben.«

Tatsächlich herrschte Funkstille, nur unterbrochen von einigen belanglosen Meldungen und der Nachricht, dass der Polizeihubschrauber wegen des schlechten Wetters nicht eingesetzt werden könne. Paul wurde immer unruhiger und schnallte sich ab. »Haben Sie einen Regenschirm im Auto?«

»Regenschirm?«

»Ach, ist auch egal.« Er stieß die Beifahrertür auf, schlug seinen Mantelkragen schützend hoch und lief in Richtung eines der Polizeifahrzeuge. Paul klopfte ans Fenster des Streifenwagens. Ein grimmig blickender Beamter ließ die Scheibe herunter. Paul hatte es eilig, dem Polizisten seine Vermutung mitzuteilen. Dieser schaute im ersten Moment skeptisch drein, doch dann hellte sich seine Miene auf und er nahm sein Funkgerät zur Hand.

Keine Minute später kam Bewegung in die Ansammlung der wartenden Fahrzeuge. Wieder ertönte das Geheul der Martinshörner. Polizeifahrzeuge brachten sich in Position. Zwei geländefähige Wagen, die zur rechten Zeit eingetroffen waren, setzten sich an die Spitze des Trosses. Sie steuerten auf den

Forstweg zu und fuhren über den morastigen Boden direkt in den Wald hinein.

Paul war völlig durchnässt, als er sich wieder in den Beifahrersitz von Blohfelds Mercedes sinken ließ.

»Sie ruinieren mir die Polster«, moserte der Reporter. »Was geht hier eigentlich vor? Warum fahren die plötzlich alle in den Wald, statt in aller Ruhe abzuwarten?«

Paul wollte seinen Partner ein wenig zappeln lassen, bevor er ihn in seinen Verdacht einweihte. Also setzte er zunächst seinen Geschichtsexkurs fort, denn die Erwähnung des großen Feldherrn Wallenstein war es gewesen, die bei Paul den entscheidenden Geistesblitz ausgelöst hatte:

»Im Frühjahr 1632 lagerten Gustav Adolfs Truppen auf der Fürther Hardhöhe, um von dort aus in Nürnberg einzuziehen. Darauf folgte der glorreiche Sieg gegen die zahlenmäßig weit überlegene Armee Tillys bei der Schlacht bei Rain am Lech.« Blohfeld gähnte, doch Paul ließ sich nicht beirren. »Was jetzt kommt, wird Sie interessieren: Anfang September stieß die schwedische Armee vor und nahm vor dem heutigen Stadtwald, also ungefähr zwischen Unterfürberg und Dambach, die Schlachtaufstellung ein«, führte Paul aus, während Blohfeld nur gelangweilt die Schultern zuckte. »Wallenstein stellte ihnen unter anderem dreitausend Musketiere entgegen.«

»Na und«, grunzte Blohfeld, »die hätte der olle Gustav doch leicht mit seinen Geschützen wegputzen können. Gut bewaffnet war er ja, der alte Schwede.«

»Eben nicht!«, trumpfte Paul jetzt auf. »Die Schweden konnten ihr schweres Kriegsgerät nämlich gar nicht erst in Stellung bringen.«

Blohfeld wirkte immer noch nicht besonders interessiert, aber ließ sich immerhin zu der Frage herab: »Ich nehme an, es gab einen triftigen Grund für diese strategische Schlappe?«

»Ja, den gab es.« Paul deutete nach draußen, wo es noch immer wie aus Eimern schüttete. »Das Wetter war zu schlecht und der Boden viel zu matschig, um mit großen Kanonen durch die Gegend zu ziehen.«

»Also gut«, gab sich Blohfeld geschlagen, wohl wissend, dass er sich den ganzen Geschichtsexkurs anhören musste, bevor Paul seine Frage endgültig beantworten würde. »Wie ging die Geschichte aus?«

Paul grinste: »Im Dauerregen war es unmöglich, die Geschütze nahe genug an den Gegner heranzubringen. Einmal abgesehen davon, dass die Salpeter-Lunten bei einer so hohen Luftfeuchtigkeit nicht gezündet werden konnten. Gustav Adolf brach das Gefecht also ab und führte seine Truppen zurück ins Feldlager auf der Hardhöhe. Zwar hatte Wallenstein die Schlacht nicht gewonnen, aber die Schweden hatten durch diesen wetterbedingten Rückzug ihren Nimbus als Unbesiegbare ein für allemal verloren. Viele Soldaten wurden krank, etliche desertierten. Letztlich zog Gustav Adolf unverrichteter Dinge ab und überließ Wallenstein das Feld.«

Blohfeld sah Paul nachdenklich an. Darauf sog er noch einmal an seiner erst halb gerauchten Zigarre und schmiss sie aus dem Fenster. »Sie sagten, dass die schwedischen Kanonen im Morast versunken sind?«, fragte er. Paul nickte bestätigend. Blohfeld streckte seinen Arm aus dem Fenster und ließ den Regen auf seine geöffnete Handfläche prasseln. Dann fuhr er die Scheibe hoch und startete den Motor. »Lassen Sie uns zum Einsatzleitwagen rüberfahren. Ich will mal fragen, ob Ihr Tipp hilfreich oder doch bloß ein Flop war.«

Der Reporter stellte seinen Mercedes unmittelbar neben einem VW-Transporter der Polizei ab. In geduckter Haltung rannte er die paar Schritte hinüber und verschwand im Inneren des Fahrzeugs. Paul wartete geduldig. Schließlich kam Blohfeld zurück, setzte sich und schüttelte sich die Wassertropfen von seinem strähnigen grauen Haar.

»Na? Und?«, fragte Paul neugierig.

»Sie hatten recht«, teilte Blohfeld mit amüsiertem Lächeln mit, »Wallenstein lässt grüßen. Die Polizei ist mit

Geländewagen in den Wald vorgedrungen und hat den Geldtransporter auf halber Strecke gefunden. Er war festgefahren, weil sich der Waldweg durch den Dauerregen in die reinste Schlammrutschbahn verwandelt hat.« Er grinste. »Dieser Coup hat den Panzerknackern keinen müden Cent eingebracht. Den Safe im Heck des Wagens haben sie in der Eile nicht öffnen können. Sie mussten unverrichteter Dinge das Schlachtfeld räumen.«

»Die Geschichte neigt dazu, sich in gewissen Abständen zu wiederholen«, dozierte Paul und begann, seine Fotoausrüstung in der Kameratasche zu verstauen. »Darum ist es gut, wenn man sich ein wenig damit auskennt.«

»Oder wenn man jemanden kennt, der sich damit auskennt.« Blohfeld zwinkerte ihm kumpelhaft zu und startete den Motor. »Dieses kleine Abenteuer hat mich ziemlich hungrig gemacht. Meinen Sie, in Zirndorf bekommen wir etwas, das uns für die Strapazen des Tages entschädigt?«

»Gibt's da nicht diese köstliche Wallenstein-Rolle?«

»Das wäre wahrlich ein angemessenes Mahl.« Als Blohfelds dicker Mercedes losfuhr, spritzte eine Gischt aus Regenwasser und Schlamm auf.

Wallenstein-Rolle
Vorspeise oder Hauptgericht

Dazu passt: kräftiges Weißbier
Für 4 Personen
Schwierigkeitsgrad: mittel
Zubereitungszeit: 60 Minuten

Für den Hefeteig:
500 g Mehl
40 g frische Hefe
150 ml lauwarmes Hefeweizen
100 ml lauwarme Milch
40 g Zucker
80 ml Speiseöl
1 Eigelb
1/2 TL Salz
Für den Teig ist es wichtig, dass alle Zutaten
Zimmertemperatur haben.

Für die Füllung:
je 1 kleiner Bund Basilikum und Petersilie
1 Thymianzweig
1 Knoblauchzehe
1/2 TL Pfefferkörner
1 TL Kümmel
1 TL Olivenöl
400 g grüner Spargel
Salz
Zucker
einige Butterflocken
500 g Leberkäsbrät
1 Eigelb zum Bestreichen

Für den Teig alle Zutaten Zimmertemperatur annehmen lassen. Das Mehl fein auf eine saubere Arbeitsfläche sieben. In die Mitte eine Mulde drücken und die Hefe hineinbröseln. Zucker, Milch und Weizenbier zugeben. Vorsichtig von der Mitte her vermengen und kurz ruhen lassen. Öl, Eigelb und Salz unterkneten. Den Teig kräftig durchkneten, bis er Blasen wirft und geschmeidig ist. Dann abgedeckt an einem warmen Ort einmal aufgehen lassen. Wenn er auf leichten Fingerdruck nachgibt und wieder in seine ursprüngliche Form springt, hat der Teig die richtige Gare. Nochmals kurz durchkneten.

Inzwischen für die Füllung die Kräuter waschen und trocken schütteln. Basilikum, Petersilie, Thymian und Knoblauch fein hacken. Mit Pfefferkörnern, Kümmel und Olivenöl in einem Mörser zu einer Paste zerreiben.

Den Spargel schälen. In kochendem Salzwasser mit etwas Zucker und Butterflocken bissfest köcheln lassen.

Den Teig 2-3 mm dünn ausrollen. Dünn mit Leberkäsbrät und anschließend mit der Kräuterpaste bestreichen. Den Teig in zwei gleich große Streifen teilen. Diese vorsichtig und locker einschlagen. Beide Rollen mit einer Gabel mehrmals einstechen und mit Eigelb bestreichen.

Die Rollen auf ein Backblech legen und im vorgeheizten Backofen bei 180 °C in ca. 30 Minuten goldbraun backen. In 1–2 cm dicke Scheiben schneiden. Jeweils 3 Scheiben zu einem Kleeblatt legen. Mit je 1 Spargelstange als Stiel arrangieren.

Tod im Schnee

Sie waren spät dran für ihre Modeaufnahmen. Paul mochte es ja eigentlich gar nicht, unter Zeitdruck zu arbeiten, aber was blieb ihm anderes übrig? Immerhin war es ein Trost, dass der Internet-Shop, für den er heute unterwegs war, gut zahlte.

Obwohl sie an diesem kalten Wintertag sehr früh aufgebrochen waren, hatte sich die Fahrt von Nürnberg über die A9 nach Bayreuth unendlich in die Länge gezogen: Schneetreiben, stockender Verkehr. Paul hatte aufgeatmet, als der Kleinbus mit den Models, der Visagistin, dem Assistenten und ihm selbst endlich die Wagner-Stadt erreichte und sie die Autobahn in Richtung Ochsenkopf verlassen hatten.

Die Nordabfahrt des Ochsenkopfs war erstklassig präpariert. Als die Models ihre topaktuellen Ski-Dresse angezogen hatten und die ohnehin perfekten Gesichter fertig geschminkt waren, brach die bis eben noch dichte Wolkendecke auf und ließ die Sonne durchblinzeln. »Na, wer sagt's denn?«, raunte Paul seinem heutigen Assistenten zu und drückte ihm eine mit Infrarot auszulösende Blitzanlage in die Hand.

»Jaja, das wird noch ein schöner Tag«, antwortete der etwas linkisch wirkende Mittzwanziger und strich sich gedankenverloren eine Strähne seines zotteligen Haares aus der Stirn.

Sie sahen allesamt aus wie Puppen. Ja, dachte Paul amüsiert, perfekte Maße, schlanke Beine, lange Haare in Blond, Nussbraun und Schwarz – alles stimmte: Barbies in Skianzügen! »Jetzt möchte ich von euch allen ein fröhliches Lächeln sehen!«, motivierte Paul die Models. »Ja, gar nicht schlecht. Aber das könnt ihr doch noch besser!«

Paul bestritt einen guten Teil seines Einkommens mit Modeaufnahmen, aber er hatte sich nie wirklich für dieses Metier erwärmen können. Viel lieber war er für die Zeitung unterwegs. Und nur allzu gern hätte er den heutigen Termin gegen einen Auftrag von Polizeireporter Blohfeld eingetauscht.

Aber Mannequinaufnahmen für einen bekannten Internetanbieter brachten nun einmal weitaus mehr Geld ein als ein paar Fotos für die Presse. Und wenn er die Miete für seine Atelierwohnung am Nürnberger Burgberg weiterhin pünktlich überweisen wollte, konnte er sich solche winterlichen Ausflüge mit einem halben Dutzend hochnäsiger Barbies, einer nicht weniger eitlen Visagistin und einem ziemlich verstockten Assi leider nicht ersparen.

Also machte Paul das Beste aus der Situation und forderte das Team auf, in den Sessellift zu steigen. »Wir machen auf dem Gipfel weiter!«, verkündete er. »Da ist das Licht noch besser – und nachher haben wir alle zusammen Spaß bei der Abfahrt!«

Tatsächlich besserten sich das Wetter und die Lichtverhältnisse für Pauls Aufnahmen mit jedem Höhenmeter. Die Barbies tauten zu Pauls Freude zusehends auf. Die anfänglich vorherrschenden konkurrierenden Blicke wichen während des nächsten Fotoshootings einer gelösten Kameradschaftlichkeit. »Fein, die Mädels zicken nicht mehr so rum«, sagte Paul zu seinem Assistenten, der die Models nicht aus den Augen ließ und sich partout nicht auf einen Smalltalk mit Paul einlassen wollte.

»Alles im Kasten!«, rief Paul nach einer ganzen Reihe gelungener Aufnahmen und winkte schließlich zum Aufbruch. Zwei Stunden hatten sie auf dem Gipfel fotografiert, dazu kamen die Aufnahmen aus dem Tal. Das musste reichen, beschloss er. Ein paar Schnappschüsse der Models beim teilweise ungelenken Anlegen der Skier konnte er sich jedoch nicht verkneifen. »Wir fahren alle zusammen hinunter!«, kommandierte Paul, während er sich den Rucksack mit seiner Kamera auflud und selbst in die Skier stieg.

Der Ochsenkopf ist bekanntlich keine große Herausforderung für geübte Fahrer. Aber Paul und seine Crew hatten bei der Abfahrt mit zahlreichen harmlosen Stürzen genug Gründe zum Lachen. Eine der bildschönen Damen stellte sich besonders unbeholfen an. In einer Gischt aus Schnee legte sie ein halsbrecherisches Manöver hin und fing sich erst im letzten Moment wieder, fuhr dann aber sicher weiter.

Mit Sorge beobachtete Paul dagegen, wie jetzt eines der anderen Mädchen ins Trudeln geriet. Ihre Schwünge waren unsicher geworden, sie schaffte es nicht, Tempo aus der Fahrt zu nehmen. Als das Model direkt auf eine Baumgruppe zusteuerte, stockte Paul der Atem. Noch immer hatte sie zu viel Schwung. Paul hoffte inständig, dass sie die Kurve noch kriegen oder sich im letzten Moment in den Schnee fallen lassen würde. Doch ungebremst raste die junge Frau gegen einen der Stämme. Sie schien für eine Sekunde wie festgenagelt zu sein, bevor ihr zierlicher Körper kraftlos zusammensackte.

Paul traf an der Baumgruppe gleichzeitig mit einem anderen Skifahrer ein, der sich als Arzt erwies. Er hatte den Unfall zufällig mit angesehen und begann sofort, die junge Frau zu untersuchen. Während die übrigen Models in heller Aufregung zu ihnen aufschlossen, drehte der Arzt die Verunglückte mit vorsichtigen Bewegungen um und fühlte ihren Puls. Dann schüttelte er mit ernster Miene den Kopf.

Die anderen Mädchen waren noch wie gelähmt vor Entsetzen, als der Doktor mit seinem Handy bereits die Bergwacht informierte. Immer mehr Skifahrer versammelten sich nun am Unfallort und starrten teils erschrocken, teils mit unverhohlener Neugier auf die Tote.

»Wie konnte das nur passieren?«, hörte Paul eines der Models wispern. »Nicole war doch eine geübte Skifahrerin. Seit dem dritten Geburtstag fuhr sie regelmäßig.« Paul nutzte das Warten auf die Rettungskräfte, um sich die Ausrüstung der Toten näher anzusehen. Dabei bemerkte er, dass beide Skier fest mit den Skischuhen verbunden waren. Normalerweise hätten sie sich schon bei den abrupten Richtungsänderungen, spätestens aber bei dem harten Aufprall lösen müssen. Nicole wäre unsanft, aber sicher in den Schnee gefallen. Doch die Bretter saßen fest – bombenfest.

»Armin wird ihr Tod besonders treffen«, tuschelte ein anderes Model. »Er war mit Nicole ja noch bis vor kurzem zusammen.« Eine Dritte flüsterte: »Aber sie wollte nicht mehr. Hat ihn vor ein paar Tagen verlassen. Er war ihr zu unentschlossen und so schrecklich unscheinbar.«

Paul horchte auf. Sein Assistent hieß doch Armin. Sollte er mit der Toten ...? – Plötzlich hatte Paul es eilig und fischte hektisch seine Digitalkamera aus dem Rucksack. Er wischte einen Baumstumpf von Schnee frei, setzte sich darauf und ließ den Inhalt seines Speicherchips auf dem kleinen Display erscheinen. Schon nach kurzer Zeit fand er, was er gesucht hatte: die Schnappschüsse, die er kurz vor der Abfahrt auf dem Gipfel gemacht hatte ...

»Der Fall scheint mir klar zu sein«, sagte der leitende Kriminalbeamte eine halbe Stunde später, nachdem er sich Pauls Fotos angesehen hatte. Darauf waren nicht nur die Models beim Späßchenmachen zu sehen, sondern auch Assistent Armin. Gleich drei der Aufnahmen zeigten, wie er sich im Hintergrund mit einem Schraubenzieher an der Bindung von Nicoles Skiern zu schaffen machte.

»Ich habe sie geliebt, außer mir hätte sie kein anderer glücklich machen können!«, stieß Armin mit sich überschlagender Stimme hervor, während die Handschellen hinter seinem Rücken klickten.

Mitgenommen von den Ereignissen, erschöpft und hungrig suchte sich Paul nach Abschluss der Protokollaufnahme eine Gastwirtschaft. Er brauchte jetzt etwas Deftiges gegen die Kälte – und das fand er ganz in der Nähe auch ...

Rieweskuchen mit Kartoffelsalat
Herzhafte Winterspezialität

Dazu passt: Landbier, kräftiger Rotwein
Für 4 Personen
Schwierigkeitsgrad: mittel
Zubereitungszeit: 60 Minuten

Für den Rieweskuchen:
1 großes Schweinenetz (beim Metzger vorbestellen)
2 trockene Brötchen
400 g Bratwurstgehäck
250 g Leberhack vom Schwein
1 Ei
100 g Rosinen
1 EL Zucker
je 1 kleine Prise Muskat und Zimt
Semmelbrösel
2–4 EL Butterschmalz

Für den Kartoffelsalat:
1,5 kg festkochende Kartoffeln (Linda)
200 g geräucherter Speck, in Würfel geschnitten
1 große Zwiebel, fein gehackt
6 TL Weinessig
3 TL mittelscharfer Senf
Salz, Pfeffer
1 EL Zucker
frische Schnittlauchröllchen
2 EL Speiseöl
250 ml heiße Gemüse- oder Fleischbrühe

Das Schweinenetz in 4 Stücke teilen und mehrere Stunden wässern. Dabei das Wasser zwischendurch wechseln. Die Netzstücke jeweils in einer Suppenschüssel auslegen.

Die Brötchen in Wasser einweichen und in einem sauberen Küchentuch ausdrücken. Bratwurstgehäck, Leberhack, Ei, Brötchenmasse, Rosinen, Zucker, Muskat und Zimt gut vermischen. Bei Bedarf mit Semmelbröseln etwas fester machen.

Je ein Viertel der Masse mittig in die ausgelegten Schweinenetze füllen. Das Schweinenetz um die Masse schlagen. Das Butterschmalz in einer Pfanne erhitzen und die Rieweskuchen kurz darin anbraten. In eine ofenfeste Form legen und im vorgeheizten Backofen bei 180 °C in ca. 30 Minuten fertig garen. Die Rieweskuchen sind gar, wenn nur noch klarer Fleischsaft austritt.

Für den Kartoffelsalat die Kartoffeln waschen und bissfest kochen. Abgießen, kurz ausdampfen und handwarm abkühlen lassen. Die Kollen schälen und in grobe Scheiben schneiden. Speck- und Zwiebelwürfel in einer Pfanne auslassen.

Essig, Senf, Salz, Pfeffer, Zucker, Schnittlauchröllchen und Öl verrühren. Kartoffeln mit den Speckzwiebeln und dem Dressing vermengen. Die heiße Brühe darübergießen und etwas ziehen lassen. Den Kartoffelsalat warm oder kalt zu den Rieweskuchen servieren.

Weckla-Auflauf
Fränkische Süßspeise

Dazu passt: Dessertwein, Heißgetränke
Für 4 Personen
Schwierigkeitsgrad: leicht
Zubereitungszeit: 30 Minuten

5–7 altbackene Weckla (Brötchen)
500 ml Milch
1 TL Butter
1 Vanilleschote
120 g Zucker
2 Eier
5 mehlige Äpfel
Zitronensaft
100 g Butter
50 g gemahlene Haselnüsse

Die Weckla in eine Schüssel klein zupfen. Die Milch mit der Butter erwärmen, bis die Butter flüssig ist. Die Vanilleschote längs aufritzen und das Mark mit dem Messerrücken herausschaben. Schote, Mark, Milch und Zucker kurz erwärmen, aber nicht kochen lassen. Die Schote entfernen und die Milch wieder auf Handwärme abkühlen lassen.

Die Eier mit der handwarmen Milch schaumig schlagen und noch warm über die Weckla gießen. Die Masse ca. 20 Minuten quellen lassen, danach kräftig durchmischen.

Die Äpfel schälen, entkernen und in Scheiben schneiden. Sofort mit etwas Zitronensaft beträufeln.

Eine kleine Backform buttern. Abwechselnd Weckla-Masse und Äpfel in die Form schichten. Die restliche Butter in kleinen Flocken darauf verteilen und die Haselnüsse darüberstreuen. Im vorgeheizten Backofen bei 180 °C in ca. 40 Minuten goldbraun backen.

Der Glühwein-Krieg

Ein Haufen chaotisch übereinander liegender Holzbalken markierte den Tatort. Obwohl die Löscharbeiten bereits beendet waren, stieg über dem Trümmerfeld noch immer Rauch auf, und die Feuerwehr hielt sich bereit, um ein erneutes Aufleben der Flammen zu verhindern. Es war bereits tief in der Nacht, als die Polizei die Brandstelle mit einem Absperrband sicherte. Trotz der späten Stunde hatten sich etliche Schaulustige versammelt, denn das Feuer hatte nicht irgendwo gewütet, sondern an zentraler Stelle, im Herzen der Stadt: mitten auf dem Nürnberger Christkindlesmarkt.

Paul Flemming verschaffte sich mit ein paar energischen Ellenbogenstößen Platz zwischen den Gaffern, um die geeignete Perspektive für seine Fotos zu bekommen. Sein Auftraggeber, Boulevardreporter Victor Blohfeld, stand dicht hinter ihm und äußerte wilde Spekulationen darüber, wie es zu dem Brand hatte kommen können. Paul hörte ihm eine Weile zu, bestand dann aber darauf, erst einmal nur die Fakten zu erfahren.

»Ein Glühweinstand geht in Flammen auf – für den Christkindlesmarkt ist das eine Katastrophe!«, dramatisierte der Reporter. »Was für ein Glück, dass die Feuerwehr schnell zur Stelle war und das Feuer nicht auf die benachbarten Stände übergreifen konnte.« Paul schoss fleißig Fotos, während Blohfeld kaum zu bremsen war: »Wissen Sie, Flemming, ich kann da nicht an einen Zufall glauben.«

Paul sah nun doch von seiner Kamera auf. »Was? Die Polizei hat noch nicht einmal mit der Ermittlung der Brandursache begonnen, und Sie wittern schon wieder ein Verbrechen?«

»Gewiss«, Blohfeld nickte eifrig. »Ich habe so etwas im Gespür. Es geht hier nicht um einen technischen Defekt oder eine weggeworfene Zigarette.«

»Sondern?«, fragte Paul skeptisch.

»Sondern um Brandstiftung.« Blohfeld zog Paul ein Stück weit von der Menschenmenge fort, bevor er ihm zuraunte: »Hier ist soeben der Glühweinausschank der Firma Hagen in Flammen aufgegangen – mich würde es nicht wundern, wenn der Erzrivale Gerner seine Hände im Spiel hätte.« Paul warf ihm einen fragenden Blick zu.

Am nächsten Vormittag wurde Paul im Redaktionsgebäude von Blohfeld überschwänglich begrüßt. »Wissen Sie schon das Neueste? Gerner hat plötzlich sein Herz für den ewigen Konkurrenten Hagen entdeckt. Er hat angeboten, den abge-fackelten Stand zu übernehmen und die Lücke durch einen Ersatztresen zu schließen.« Blohfeld lachte schäbig. »Was für eine Farce! Er war sogar so dreist, Hagen anzubieten, ihn am Umsatz zu beteiligen.«

Paul fragte sich, warum Blohfeld so hämisch grinste. »Da ist doch nichts Ehrenrühriges dran, wenn ein Mitbewerber dem anderen mal aus der Klemme hilft. Wie heißt es doch so schön? Eine Hand wäscht die andere.«

»Oder: Eine Krähe hackt der anderen kein Auge aus.« Bloh-feld klatschte sich mit der flachen Hand vor die Stirn. »Mein Gott, Flemming, sind Sie naiv! Mit einem Glühweinstand auf dem Christkindlesmarkt – dem beliebtesten Weihnachtsmarkt der Republik! – machen Sie in jeder Saison einen Riesenum-satz. Eine halbe Million ist da gar nichts! Und nun will Gerner seinen Nebenbuhler mit einer mickrigen Beteiligung abspei-sen – das ist doch nicht mehr als ein Appel und ein Ei.«

Paul verstand endlich, worauf der Reporter hinaus wollte. »Sie meinen also, dass Gerner hinter dem Brand steckt. Dass das Ganze ein Sabotageakt war.«

»Sie haben es erfasst«, bestätigte Blohfeld. »Es weiß doch jedes Kind, dass die beiden sich schon seit Jahren bekriegen. Mal werfen sie sich gegenseitig gepanschten Wein vor, mal dass sie beim Markieren des Eichstrichs an den Tassen mogeln, und mal Verstöße gegen die Öffnungszeiten.« Blohfeld lächelte wissend, als er hinzufügte: »Außerdem steht inzwischen amtlich fest, dass es tatsächlich Brandstiftung war. Die Kripo hat einen Brandbeschleuniger gefunden: Spiritus, ja, und sogar ein weggeworfenes Einwegfeuerzeug lag in der Asche.«

Paul kräuselte die Stirn. »Finden Sie das nicht ein wenig plump für einen sorgfältig eingefädelten Coup der Konkurrenz? Ich würde den Täter ja zunächst einmal in den eigenen Reihen vermuten.« Blohfeld sah ihn beleidigt an. Daraus machte sich Paul aber nichts. Im Gegenteil, seine Skepsis wuchs, und er beschloss spontan, noch mal am Tatort vorbeizuschauen. Das Zeitungsgebäude lag ja nur ein paar Schritte vom Ort des Geschehens entfernt.

Die Feuerwehr räumte gerade das Feld. Ein letzter noch am Rand des Marktes stehender Einsatzwagen wurde mit Ausrüstungsgegenständen beladen. Ein Feuerwehrmann, der einen der Schläuche einrollte, pausierte kurz und zündete sich eine Zigarette an. Bei ihm erkundigte sich Paul, ob es denn inzwischen schon Genaueres über die Brandursache zu sagen gäbe.

»Jaja, die Kripoleute reden von Brandstiftung. Es sieht ganz so aus, als hätte da jemand gezündelt.«

»Tatsächlich?«, fragte Paul auffordernd.

»Ja«, bekräftigte der Feuerwehrmann. »Wir haben eine leere Flasche Spiritus gefunden und jede Menge Zeitungspapier, das offensichtlich zum Anzünden verwendet wurde.«

Paul nickte dem offenherzigen Feuerwehrmann dankend zu und schlenderte dann zur niedergebrannten Glühweinbude hinüber. Über den aschgrauen Brettern und schwarzen Dachbalken flatterten im Wind wirklich noch einige lediglich angesengte Zeitungsseiten. Paul bückte sich, um nach einer zu schnappen, und erwischte die ramponierte Titelseite einer Ausgabe der *Nürnberger Nachrichten*. Er wollte sie schon zurücklegen, als ihm die aufgedruckte Empfangsadresse am Rand der Zeitungsseite auffiel. Diese Ausgabe stammte also aus einem Abonnement. Die Schrift war schwer zu lesen und teilweise verschmort. Aber Paul schaffte es mit etwas Mühe dann doch, den Namen zu entziffern. – Und was er da las, konnte er kaum glauben.

Jan-Patricks Name war als Adresse auf der Zeitung angegeben. Ausgerechnet! Jan-Patrick war es doch nicht etwa gewesen, der ... – nein! Aus Pauls Sicht kam das keinesfalls in Frage. Aber er wollte dennoch mit seinem Freund über das verräterische Indiz sprechen.

Als Paul in dem rustikalen Altstadtlokal eintraf, war der Küchenmeister sehr aufgewühlt. »Was ist denn los?«, erkundigte sich Paul ebenso fürsorglich wie misstrauisch.

»Ach, Paul, du weißt doch: Ich suche schon eine ganze Weile nach einem neuen Küchenjungen. Aber die meisten Bewerber sind völlig unqualifiziert. Vor zwei Tagen hatte ich endlich einen vielversprechenden Kandidaten zum Vorstellungsgespräch bei mir.« Jan-Patrick stockte im Reden.

»Ja, und?«, fragte Paul.

Der Koch rieb sich das Kinn. »Er war, wie gesagt, ein vielversprechender junger Mann, aber leider erfüllt von regelrechten Hassgefühlen gegen seinen früheren Arbeitgeber.«

Pauls Aufmerksamkeit war geweckt. »Wie genau äußerten sich denn diese Hassgefühle?«

»Na ja«, druckste Jan-Patrick herum, »er redete nicht gerade nett über seinen Ex-Chef, was ich ziemlich illoyal fand. Und er sagte dauernd, dass er sich so etwas nicht bieten lassen müsste. Er war nämlich von einem Tag auf den anderen entlassen worden. Nach seinen Worten ohne jeden triftigen Grund. Dafür wollte er seinem früheren Boss einen Denkzettel verpassen. – Nun sag selbst: So jemanden kann ich doch unmöglich einstellen, oder?«

»Lass mich raten, wie sein früherer Boss hieß«, sagte Paul mit wissendem Lächeln und zückte sein Handy, um Katinkas Nummer einzutippen. Vorher bestellte er jedoch noch schnell etwas zum Aufwärmen: »Jan-Patrick, bring mir doch bitte eine von deinen wunderbaren Dampfnudeln und einen original Hagen-Glühwein!«

Fränkische Dampfnudeln
Traditionelle Süßspeise

Dazu passt: Heißgetränke, Weißwein
Für 4 Personen
Schwierigkeitsgrad: mittel
Zubereitungszeit: 40 Minuten

Für die Dampfnudeln:
25 g frische Hefe
80 g Zucker
250 ml lauwarme Milch
500 g Mehl
1 Ei
70 g Butter
Salz
1 Päckchen Vanillezucker
500 g Dörrpflaumen

Für die Vanillesoße:
1 Vanilleschote
250 ml Milch
250 ml Sahne
1 EL Zucker
4 Eigelb

In einer Tasse Hefe und Zucker in 3 EL Milch auflösen. Das Mehl auf die Arbeitsfläche sieben und eine Mulde hineindrücken. Zwei Drittel der Milch und die Hefemischung hineingießen und von der Mitte her vermengen. Diesen Vorteig mit einem Tuch abgedeckt an einem warmen Ort ca. 15 Minuten gehen lassen.

Ei, Butter und Salz zugeben und alles von innen nach außen zu einem geschmeidigen Teig kneten, bis er Blasen wirft. Den Teig in acht gleich große Stücke teilen. Diese zu Kugeln formen und abgedeckt an einem warmen Ort nochmals gehen lassen.

Für die Soße die Vanilleschote längs aufritzen und das Mark mit dem Messerrücken herausschaben. Schote und Mark mit Milch, Sahne und Zucker erhitzen, aber nicht kochen lassen. Die Vanilleschote entfernen und die Milch handwarm abkühlen lassen. Dann das verquirlte Eigelb nach und nach einrühren, bis die Soße sämig wird. Die Temperatur darf dabei 60 °C nicht übersteigen. Am besten auf einem heißen Wasserbad (nicht kochend) arbeiten.

Einen großen, gut schließenden, beschichteten Topf mit der restlichen Milch (ca. 80 ml) füllen. Vanillezucker zugeben und langsam erhitzen, aber nicht kochen lassen. Die Dampfnudeln hineinsetzen und bei geschlossenem Deckel ca. 30 Minuten garen, bis die gesamte Flüssigkeit aufgenommen ist und die Dampfnudeln unten goldbraun sind. Die Dampfnudeln sofort mit der Vanillesoße und den Dörrpflaumen servieren.

Grumberablootz
Unterfränkischer Kartoffelkuchen, Zwischenmahlzeit

Dazu passt: Landbier
1 Backblech ergibt ca. 6-8 Portionen
Schwierigkeitsgrad: mittel
Zubereitungszeit: 60 Minuten

Für den Teig:
300 g Mehl
20 g frische Hefe
1 TL Zucker
150 ml lauwarme Milch
2 EL Öl
1/2 TL Salz

Für den Belag:
500 g Kartoffeln
Petersilie, Schnittlauch, Dill (nach Belieben)
4 Eier
Salz
Mehl (bei Bedarf)
100 g geräuchertes Bauchfleisch oder Speck
250 g Sauerrahm
1 EL Kümmel
100 g geriebener Käse

Das Mehl auf die Arbeitsfläche sieben und eine Mulde hineindrücken. Zerbröselte Hefe und Zucker in die lauwarme Milch
rühren und die Mischung vorsichtig in die Mulde gießen.
Ca. 15 Minuten abgedeckt an einem warmen Ort gehen lassen. Öl und Salz zugeben. Alles verkneten, bis der Teig Blasen
wirft. Wieder 15 Minuten gehen lassen und anschließend kurz

durchkneten. Den Teig gleichmäßig ca. 5 cm dick ausrollen und auf ein Backblech legen.

Für den Belag die Kartoffeln kochen, abgießen und kurz ausdampfen lassen. Die Knollen schälen und noch handwarm zerdrücken. Kräuter waschen, trocken schütteln und hacken. Kartoffeln, Kräuter, 3 Eier und etwas Salz zu einem festen Teig verkneten. Wenn der Teig zu weich ist, etwas Mehl zugeben. Den Kartoffelteig flach drücken und auf den Hefeteig legen.

Den Speck würfeln und in einer Pfanne auslassen. Mit Sauerrahm, 1 Ei und Kümmel mischen und gleichmäßig auf dem Kartoffelteig verteilen. Mit Käse bestreuen. Den Blootz im vorgeheizten Backofen bei 180 °C in ca. 25 Minuten goldbraun backen.